JN409608

ㅁ 만든 사람들
기획_ 실용기획부
진행_ 권현숙, 김승한
집필_ 유레카 교재연구팀
본문과 표지 디자인_ 물고기나무

ㅁ 책 내용 문의
도서의 내용에 대한 궁금사항이 있으시면
디지털북스 홈페이지의 게시판을 통해서 해결하실 수 있습니다.
디지털북스 홈페이지 _ www.digitalbooks.co.kr

ㅁ 각종 문의
영업 관련 : hi@digitalbooks.co.kr
기획 관련 : ley35@digitalbooks.co.kr

유레카 골든 잉글리쉬

비즈니스영어 표현사전

유레카 교재연구팀 지음

Letter of Recommendation

This book of <Dictionary of Business English Expressions> is the best collection of the useful English expressions commonly used in the actual business situation. This book also add an e-mail expressions which is used in the actuality. If you want to be good at listening and speaking with various expressions, this book is the very for you.

The defined expressions with original phonetic transcription will help you have a good command of English adequate to the global era, and make you enjoy studying as you look into the right expressions and speak them out on the spot.

I bet your choice will never fail.

– Lynton Jacobs (English Teacher in Bundang)

〈비즈니스영어 표현사전〉은 실제 비즈니스 상황에서 보편적으로 사용하는 유용한 영어회화 표현을 집대성한 책이라고 할 수 있습니다. 또한, 부록으로 실무 현장에서 많이 쓰이는 이메일 표현들을 추가하였습니다. 다양한 영어회화 표현을 바탕으로 영어로 듣고 말하는데 익숙해지고자 한다면 이 책이야 말로 바로 당신을 위한 책입니다.

국제화 시대에 걸맞는 꼭 필요한 비즈니스 영어표현들을 자연스러운 발음과 함께 정확하고 빠르게 익힐 수 있어 여러분의 영어실력을 향상시킬 수 있습니다. 그뿐만 아니라 모든 비즈니스 상황별 영어회화 표현들을 바로바로 찾아 입으로 따라함으로 비즈니스맨으로서의 성공적인 경험을 할 수 있도록 이끌어줄 것입니다.여러분의 선택을 후회하지 않으리라 확신합니다.

–린튼 제이콥스(영어 강사)

〈비즈니스영어 표현사전〉 활용법

오늘날 한국은 국제화 시대에 걸맞게 점점 더 빠르게 변화하고 있습니다. 척박한 비즈니스 환경에서 한국인의 억척스러움과 끈기는 다른 나라에 경쟁 우위를 누릴 수 있는 요인으로 작용하고 있지만 영어라는 언어장벽에 막혀 막대한 지장을 초래하는 것이 사실입니다.

다른 나라의 경쟁사와 차별화된 것을 찾아내고 경쟁력을 높이려면 국제어인 영어는 필수입니다. 예를 들어 디지털 시대의 도래, 급격한 기술 변화 등과 같은 기업환경의 변화요소들을 영어로 된 전 세계의 정보들을 통해서 정확히 파악하고 대책을 세워야만 합니다.

이처럼 경쟁력 있는 인재가 되고 우선으로 필요한 능력인 영어를 정복하고자 오늘도 수많은 젊은이가 열심히 배우고 있습니다. 이러한 내일의 인재들이 더욱 짧은 시간에 더 효과적으로 영어를 습득할 수 있고 그들의 전문지식을 활용할 수 있도록 돕고자 유레카 골든잉글리쉬에서 이미 수만 명의 회원을 통해 검증된 비즈니스 영어회화 콘텐츠를 집대성하여 <비즈니스영어 표현사전>으로 새로이 발간하게 되었습니다.

<비즈니스영어 표현사전>은 직장생활, 일상표현, 전화영어, 회의 및 토론, 프레젠테이션, 협상 및 계약, 외국 출장 등 비즈니스 상황에 필요한 모든 핵심적인 회화 표현들은 물론 정제된 비즈니스 이메일 문장 표현들을 부록으로 포함하였습니다. <비즈니스

영어 표현사전>의 한글 발음 표기는 원어민에 가까운 발음을 학습자 스스로 익혀나갈 수 있도록 각각의 단어 발음 위주로 표기하였고, 일부 단어들은 자연스러운 연음처리를 위해 하이픈(-)으로 연결하였습니다.

이 시각에도 국제화 시대에 동참하여 내일을 위해 땀 흘려 노력하는 여러분 모두가 <비즈니스영어 표현사전>과 함께 역동적인 비즈니스 상황에서 언제 어디서나 바로바로 찾아 활용하는 감각적인 자신을 발견할 수 있을 것입니다. 또한 <비즈니스영어 표현사전>을 통해 한층 더 발저하고 자신감 넘치는 자신을 확인하길 바랍니다.

-유레카 교재연구팀

〈비즈니스영어 표현사전〉 발음표기법

영어 교육의 실제 현장에서 영어 문장의 발음을 한글로 표기하는 것은 결코 바람직한 일이 아니라고 주장해 왔습니다. 특히 아직 자신만의 영어 발음 체계가 완성되지 못한 어린 학생들에게는 더욱 그러하다고 할 수 있습니다.

그럼에도 불구하고 〈비즈니스영어 표현사전〉에 한글 발음을 표기하기로 한 이유는 대다수의 표현사전 형식의 책들을 활용하는 분들이 대학생 이상의 성인으로 자신만의 영어 발음 체계가 어느 정도 굳혀진 연령대라는 점이었습니다. 더 나아가 이러한 분들은 실제로 다양한 삶의 현장에서 그때그때 필요한 영어 표현들을 바로 바로 찾아서 활용할 가능성이 있는 분들이고 다급한 경우를 대비하여 다소 어려운 발음이 포함된 표현들은 한글 발음의 표기가 필요한 상황이라고 판단되었습니다.

그래서 〈비즈니스영어 표현사전〉의 한글 발음 표기는 기존의 여러 영어책들이나 사전식 한글 발음 표기와 전혀 다른 방법을 적용하였습니다. 기존 책들은 단순히 발음을 적힌 그대로 따라 읽도록 한 것이라면 〈비즈니스영어 표현사전〉의 한글 발음 표기는 원어민에 가까운 발음을 학습자 스스로 익혀 나갈 수 있도록 각각의 개별 단어 발음 위주로 표기하였으며, 일부 단어들은 자연스러운 연음 처리를 위해 하이픈(-)으로 연결하였습니다.

〈Example〉

What time do you report to work? (몇 시까지 출근하십니까?)

왙 타임 두 유 뤼포오트 투 워어크(비즈니스영어 표현사전)

왙 타임 두 유 뤼포오트 투 워어크(기존)

▶ What의 t 발음은 ㅅ대신 원래 음가인 ㅌ 그대로 표기

Don't take it serious. (괜찮습니다.)

도운트 테잌 잍 씨어뤼어스 (비즈니스영어 표현사전)

돈(돈트) 테익 잇 씨리어스 (기존)

▶ Don't 는 첫머리의 강한 발음으로 원래대로(도운트) 표기

▶ it의 t 음가 ㅌ를 살려 잍으로 표기

May I see you for a moment? (잠깐 좀 볼 수 있을까요?)

메이 아이 씨 유 포-러 모먼트 (비즈니스영어 표현사전)

메이 아이 씨 유 포 어 모먼트 (기존)

▶ for a와 같이 연음된 발음으로 표기해야 하는 경우에는 포-러와 같이 별도로 하이픈(-) 표시를 삽입

단, 각 문장에서의 단어의 위치에 따른 발음의 변화와 같은 다양한 발음의 특성상 위의 법칙에 예외가 되는 경우는 예외적인 발음 표기를 사용하였습니다.

CONTENTS

Part 01 일상 표현과 전화 영어

Part 02 토론과 협상

Business E-mails

Part 04 자주 쓰이는 비즈니스 이메일 표현

Part 05 핵심 상황별 비즈니스 이메일 표현

Part 06 성공적인 비즈니스 이메일 모범 샘플

Part 01
일상표현과 전화 영어

Common Expression & Expression on the Phone

- Section 01 Common Expressions(일상 표현)
  - Lesson 1 직업에 대하여
  - Lesson 2 취직에 대하여
  - Lesson 3 사업에 대하여
  - Lesson 4 손님 맞이
  - Lesson 5 일상 대화
  - Lesson 6 불평과 불만
  - Lesson 7 출근과 퇴근
  - Lesson 8 기타 표현

- Section 02 Expressions on the Phone(전화 영어)
  - Lesson 1 전화 걸기
  - Lesson 2 전화 받기
  - Lesson 3 부재중 전화
  - Lesson 4 전화 교환
  - Lesson 5 시외 및 국제 전화
  - Lesson 6 기타 표현

Common Expressions
일상 표현

Basic Expression | 기본적인 표현

1. 직업이 무엇입니까?
2. 저는 소니전자에 다닙니다.
3. 직위가 무엇입니까?
4. 저는 영업부장입니다.
5. 몇 시까지 출근하십니까?
6. 언제 퇴근하십니까?
7. 이름은 생각납니다만, 얼굴이 떠오르질 않습니다.
8. 오늘은 스케줄이 꽉 찼습니다.
9. 점심 식사 중입니다.
10. 오늘 저는 쉬는 날입니다.
11. 저는 일주일에 이틀 쉽니다.
12. 그는 뇌물을 받았습니다.
13. 현재의 저는 과거의 제가 아닙니다.
14. 그의 성공은 확실합니다.

Lesson 1. 자주 만나는 사이의 인사

15. 직업이 무엇입니까?
16. 실례지만, 지금 무슨 일을 하십니까?
17. 어디에서 근무하십니까?
18. 회사에서 직위는 무엇입니까?
19. 부업으로 기자 일을 하고 있습니다.
20. 그는 부업으로 식당을 운영합니다.
21. 주유소 아르바이트를 하고 있습니다.
22. 그는 지금 실업자입니다.
23. 그는 현재 놀고 있습니다.

1. What do you do for a living?
   왈 두 유 두 포-러 리빙
2. I'm with Sony Electronics Corporation.
   아임 윋 소니 일렉트뤄닉스 코퍼뤠이션
3. What position do you hold?
   왈 포지션 두 유 홀드
4. I'm in charge of sales department.
   아임 인 차아지 오브 세일즈 디파아트먼트
5. What time do you report for work?
   왈 타임 두 유 뤼포오트 포 워어크
6. When do you get off?
   웬 두 유 겥 오프
7. The name rings a bell, but I can't place the face.
   더 네임 륑스 어 벨, 벋 아이 캐앤트 플레이스 더 페이스

8. I'm all booked up today.
아임 올 북트 엎 투데이

9. I'm on my lunch break.
아임 온 마이 런치 브뤠잌

10. I'm off today.
아임 오프 투데이

11. I have two days off a week.
아이 해브 투 데이즈 오프 어 위잌

12. He received the money under the table.
히 뤼씨이브드 더 머니 언더 더 테이블

13. What I am is not what I was.
왈 아이 엠 이즈 낱 왈 아이 워즈

14. His success is well assured.
히즈 썩세쓰 이즈 웰 어슈어드

Lesson 1 직업에 대하여

15. What kind of job do you have?
왈 카인드 오브 잡 두 유 해브

16. What do you do, if I may ask?
왈 두 유 두, 이프 아이 메이 에슥

17. What do you work for?
왈 두 유 워어크 포

18. What's your position in the company?
왈츠 유어 포지션 인 더 컴퍼니

19. I moonlight as a reporter.
아이 문라잍 애즈 어 뤼포어터

20. He runs a restaurant on the side.
히 뤈즈 어 뤠스토랑 온 더 사이드

21. I work part-time at the gas station.
아이 워어크 파아트-타임 앹 더 개스 스테이션

22. He's unemployed at the moment.
히즈 언임플로이드 앹 더 모먼트

23. He's out of job now.
히즈 아웉 오브 잡 나우

24. 그는 3개월째 무직상태입니다.
25. 일본에서는 초임이 얼마나 됩니까?
26. 그는 월급쟁이입니다.
27. 그는 영업사원인가 뭔가 하는 사람입니다.
28. 저는 그 부서를 통솔하게 되었습니다.

Lesson 2 : 취직에 대하여

29. 기자직에 빈자리가 있습니까?
30. 혹시 비서직에 자리가 있으면 알려주시겠습니까?
31. 보수는 얼마나 됩니까?
32. 그 정도면 보수가 꽤 괜찮군요.
33. 그는 훌륭한 교육을 받았다는 장점이 있습니다.
34. 그 여자 대신 일하실 수 있겠습니까?
35. 이것으로 인터뷰는 끝났습니다, 존스 씨.
36. 그녀는 즉석에서 그 회사에 취직되었습니다.
37. 우리는 새 비서를 구해야만 합니다.
38. 신문에 낸 광고로 인해 많은 지원서를 받았습니다.
39. 비서로 안성맞춤의 경력을 가진 사람이 한 명 있습니다.
40. 그는 날씬한 아가씨를 비서로 채용했습니다.
41. 그 일에 적임자를 찾고 있습니다.
42. 우리는 경험이 있는 사람을 원합니다.
43. 그는 마침내 그 회사에서 일자리를 구했습니다.
44. 그는 일주일에 500달러를 법니다.
45. 그는 연줄을 통해 취직했습니다.
46. 스티브씨와 잘 아는 사이입니까?
47. 그를 원하는 직장이 몇 군데 있습니다.

24. He has been out of work for three months.
히 해즈 빈 아웉 오브 워어크 포 쓰뤼 먼쓰

25. What's the starting salary in Japan.
왙츠 더 스타아팅 샐러뤼 인 재팬

26. He has a white collar job.
히 해즈 어 화잍 칼라 잡

27. He is a salesman or something.
히 이즈 어 세일즈맨 오어 썸띵

28. I got control of the department.
아이 같 컨트뤌 오브 더 디파아트먼트

Lesson 2 취직에 대하여

29. Do you have any openings for a reporter?
두 유 해브 애니 오프닝스 포-러 뤼포어터

30. Can you tell me if you have any secretarial openings?
캔 유 텔 미 이프 유 해브 애니 씨크뤼터뤼얼 오프닝스

31. How much do you pay?
하우 머치 두 유 페이

32. That's a pretty good pay.
댙츠 어 프뤼티 귿 페이

33. He has the advantage of a good education.
히 해즈 디 어드밴티지 오브 어 귿 에듀케이션

34. Could you work in her place?
쿠드 유 워어크 인 허 플레이스

35. That concludes our interview, Mr. Jones.
댙 컨클루즈 아우어 인터뷰우, 미스터 존스

36. She was hired on the spot by the company.
쉬 워즈 하이얼드 온 더 스팥 바이 더 컴퍼니

37. We'll have to look for a new secretary.
위일 해브 투 룩 포-러 뉴 씨크뤼터뤼

38. We've received a lot of applications from the ads in the newspaper.
위브 뤼씨이브드 어 랕 오브 어플리케이션스 프럼 디 애즈 인 더 뉴스페이퍼

39. There is one applicant who has a good background for a secretary.
데얼 이즈 원 어플리컨트 후 해즈 어 귿 백그롸운드 포-러 씨크뤼터뤼

40. He hired a shapely girl as his secretary.
히 하이얼드 어 쉐이플리 거얼 애즈 히즈 씨크뤼터뤼

41. I'm looking for somebody fit for the work.
아임 루킹 포 썸바디 핕 포 더 워어크

42. We need a man who knows the ropes.
위 니이드 어 맨 후 노우즈 더 로웊스

43. He got work in that company at last.
히 갇 워어크 인 댙 컴퍼니 앹 라스트

44. He makes $500 a week.
히 메잌스 파이브 헌드뤠드 달러스 어 위잌

45. He pulled a string to get his job.
히 풀드 어 스트륑 투 겥 히즈 잡

46. Are you familiar with Mr. Steve?
아 유 퍼밀리어 윋 미스터 스티브

47. He has several job offers.
히 해즈 쎄버뤌 잡 오퍼어스

48. 그는 직장을 전전합니다.
49. 새 직장은 어떻습니까?
50. 그는 그 일에 적격입니다.
51. 그 분야에서는 그는 최고입니다.
52. 그에게 시키세요. 그 일에 익숙합니다.
53. 그 일은 당신에게 적격입니다.
54. 그는 그 분야에서 관록이 있습니다.
55. 그는 그 일에 경험이 없습니다.
56. 그는 그 일을 할 수 없습니다.

Lesson 3 : 사업에 대하여

57. 그는 외국인을 상대로 장사합니다.
58. 그는 런던에서 많은 약국을 경영하고 있습니다.
59. 그것은 그가 처음 손댄 사업입니다.
60. 그것은 시간을 투자할 가치가 있습니다.
61. 그는 그 제의에 선뜻 응했습니다.
62. 저는 국제 입찰정보를 입수했습니다.
63. 그는 장사 요령을 터득하고 있습니다.
64. 저는 그 비밀을 알았습니다.
65. 저는 그 사업의 구석구석을 알고 있습니다.
66. 이 일에 얼마의 비용이 소요될 것으로 견적을 냈습니까?
67. 그는 사업에 성공했습니다.
68. 그의 식당은 정말 돈벌이가 잘됩니다.
69. 그는 레코드 업계에서 벼락부자가 되었습니다.
70. 그는 돈을 엄청나게 벌고 있습니다.
71. 그는 출세가도를 달리고 있습니다.
72. 비용을 어느 정도 들였습니다.
73. 그는 목표를 이루기 위해 할 수 있는 모든 것을 다 했습니다.

48. He jumps from one job to another.
히 점프스 프럼 원 잡 투 언아더

49. What's your new job like?
왙츠 유어 뉴 잡 라잌

50. He is equal to the task.
히 이즈 이퀄 투 더 태스크

51. He is a leader in his field.
히 이즈 어 리더 인 히즈 피일드

52. Let him do that. He's an old hand at that.
렡 힘 두 댙. 히즈 언 오울드 핸드 앹 댙

53. That's just what you are cut out for.
댙츠 저스트 왙 유 아 컽 아웉 포

54. He has bearing in that field.
히 해즈 베어링 인 댙 피일드

55. He is new at the work.
히 이즈 뉴 앹 더 워어크

56. He is not up to the job.
히 이즈 낱 엎 투 더 잡

57. His business is for foreign customers.
히즈 비즈니쓰 이즈 포 포륀 커스터멀스

58. He keeps many drug stores in London.
히 킾스 매니 드뤅 스토얼스 인 런던

59. It's his first venture into business.
잍츠 히즈 퍼스트 벤쳐 인투 비즈니쓰

60. It's well worth the time.
잍츠 웰 워어쓰 더 타임

61. He jumped at the offer.
히 점프트 앹 디 오퍼어

62. I got the information on the international tender.
아이 같 디 인포메이션 온 디 인터내셔널 텐더

63. He knows the roles of business.
히 노우즈 더 로울스 오브 비즈니쓰

64. I got into the secret.
아이 같 인투 더 씨크뤁

65. I know all the ins and outs of the business.
아이 노우 올 더 인스 앤 아웉츠 오브 더 비즈니쓰

66. How much did you estimate this job is going to cost us?
하우 머치 디드 유 에스티메잍 디쓰 잡 이즈 고잉 투 커스트 어스

67. He made good in business.
히 메이드 귿 인 비즈니쓰

68. His restaurant is a real moneymaker.
히즈 뤠스토랑 이즈 어 뤼얼 머니메이커

69. He struck oil in the record business.
히 스트뤜 오일 인 더 뤠코드 비즈니쓰

70. He's making money hand over fist.
히즈 메이킹 머니 핸드 오버 피스트

71. He's on his way up.
히즈 온 히즈 웨이 엎

72. It cost me a small fortune.
잍 커스트 미 어 스몰 포오춘

73. He did everything within his power to achieve the goal.
히 디드 에버뤼띵 위딘 히즈 파워 투 어치이브 더 고울

74. 일년 동안 열심히 일했습니다.
75. 그 사업은 지금 한창입니다.
76. 그는 작년에 회사를 아들에게 넘겨주었습니다.
77. 그는 다람쥐 쳇바퀴 돌 듯 합니다.
78. 경기가 무척 좋지 않습니다.
79. 적절한 시기에 손을 뗐습니다.
80. 그건 수지타산이 맞지 않습니다.
81. 우리는 적자입니다.
82. 회사는 도산했습니다.
83. 산업 견학차 중국을 방문했습니다.
84. 전 다섯 식구를 먹여살려야 합니다.
85. 저는 가족을 부양하기 위해 열심히 일해야 합니다.
86. 같은 장사끼리는 화합이 잘 안 됩니다.
87. 그는 사업에 관하여는 망하기 일보직전입니다.
88. 성공할 가망이 없습니다.
89. 그는 열심히 일했지만 실패했습니다.
90. 그는 사업에 자신이 없어서 그만두었습니다.
91. 그는 하는 일이 여의치 않아서 내리막길을 걷고 있습니다.
92. 그는 문제를 해결할 방법이 없었습니다.
93. 그는 늘 곤경에 처해 있습니다.
94. 많은 직원들이 작년에 면직됐습니다.
95. 그는 사업이 망했습니다.
96. 많은 사람이 손을 댔지만 모두들 실패했습니다.

Lesson 4 : 손님 맞이

97. 만일 존슨이라는 분이 저를 찾으면, 제게로 안내해 주십시오.

74. It took a year of hard work.
    일 툭 어 이어 오브 하아드 워어크

75. The work is in full swing.
    더 워어크 이즈 인 풀 스윙

76. He turned over his company to his son last year.
    히 턴드 오버 히즈 컴퍼니 투 히즈 썬 라스트 이어

77. He's just spinning his wheels.
    이즈 저스트 스피닝 히즈 휘일스

78. The times have been very bad.
    더 타임즈 해브 빈 베뤼 배드

79. I got out while the getting was good.
    아이 같 아웉 와일 더 게팅 워즈 긑

80. The game is not worth the candle.
    더 게임 이즈 낱 워어쓰 더 캔들

81. We are in the red.
    위 아 인 더 뤠드

82. The company went broke.
더 컴퍼니 웬트 브뤄크

83. I visited China on an observation tour of its industries.
아이 비지티드 차이나 온 언 오브저베이션 투어 오브 잇츠 인더스트뤼스

84. I have to feed a family of five.
아이 해브 투 피이드 어 패밀리 오브 파이브

85. I've got to keep my nose to the grind stone to support my family.
아이브 같 투 킾 마이 노우즈 투 더 그롸인드 스톤 투 써포오트 마이 패밀리

86. Two of a trade seldom agree.
투 오브 어 트뤠이드 셀덤 어그뤼

87. He is on the ropes as far as his business is concerned.
히 이즈 온 더 로웊스 애즈 파아 애즈 히즈 비즈니쓰 이즈 컨써언드

88. There is no hope of success.
데얼 이즈 노 흎 오브 썩세쓰

89. He worked hard only to fail.
히 워어크트 하아드 온리 투 패일

90. He chickened out on the venture.
히 치킨드 아웉 온 더 벤처

91. He's taking a nose dive.
히즈 테이킹 오 노우즈 다이브

92. There was no way he could solve the problem.
데얼 워즈 노 웨이 히 쿠드 썰브 더 프롸블럼

93. He is in trouble all the time.
히 이즈 인 트뤄블 올 더 타임

94. Many workers were paid off last year.
매니 워어커어스 워 페이드 오프 라스트 이어

95. He's gone out of business.
히즈 건 아웉 오브 비즈니쓰

96. Many tried and many bit the dust.
매니 트롸이드 앤 매니 빝 더 더스트

Lesson 4 ┊ 손님 맞이

97. If a Mr. Johnson asks for me, please show him where I am.
이프 어 미스터 존슨 에슼스 포 미, 플리즈 쇼우 힘 웨어 아이 엠

98. 스미스씨가 당신을 찾아왔습니다.
99. 밖에 누가 찾아왔습니다.
100. 잠깐 앉아 계시겠어요? 당신이 찾아왔다고 전하겠습니다.
101. 기다리시는 동안 커피 한잔 드시겠습니까?
102. 잠시만 기다려주세요. 그를 데리고 오겠습니다.
103. 들어오시라고 하세요.
104. 우리는 지금 중요한 회의중입니다.
105. 죄송합니다만, 그는 외근중입니다.
106. 아직 안 들어왔습니다.
107. 그는 몇 시에 들어옵니까?
108. 오래 기다리셨습니까?
109. 얼마나 오래 기다리셨습니까?

Lesson 5 : 일상 대화

110. 죄송합니다만, 그는 지금 회의중입니다.
111. 커피 한 잔 타 주세요.
112. 당신이야말로 우리가 찾던 사람입니다.
113. 함께 일하게 되어 기쁩니다.
114. 함께 일하게 되어 기쁩니다.(기존 사원)
115. 이곳이 마음에 드시길 바랍니다.
116. 어서 일을 시작합시다.
117. 손을 뗄 겨를이 없습니다.
118. 저는 정신이 하나도 없습니다.
119. 정신없이 바쁩니다.
120. 현재로선 어쩔 도리가 없이 바쁩니다.
121. 할 일이 많이 있습니다.
122. 할 일이 태산같이 쌓여 있습니다.

98. Mr. Smith is here to see you.
미스터 스미쓰 이즈 히어 투 씨 유

99. There is someone at the door.
데얼 이즈 썸원 앹 더 도어

100. Won't you be seated a moment? I'll tell him you're here.
워운트 유 비 씨이티드 어 모먼트. 아일 텔 힘 유어 히어

101. Would you care for a cup of coffee while you're waiting?
우드 유 케어 포 어 컾 오브 커피 와일 유어 웨이팅

102. Just a moment, please. I will get him.
저스트 어 모먼트, 플리즈. 아이 윌 겥 힘

103. Show him in. / Let him in.
쇼우 힘 인 / 렡 힘 인

104. We have a very important meeting on at the moment.
위 해브 어 베뤼 임포오턴트 미팅 온 앹 더 모먼트

105. I'm sorry, but he is out on business.
아임 쏘뤼, 벋 히 이즈 아웉 온 비즈니쓰

106. He's not in yet.
히즈 낱 인 옡

107. What time will he be in?
왙 타임 윌 히 비 인

108. Have I kept you long?
해브 아이 켚트 유 롱

109. How long have you been waiting?
하우 롱 해브 유 빈 웨이팅

Lesson 5 ⁞ 일상 대화

110. I'm sorry, but he is in conference right now.
아임 쏘뤼, 벝 히 이즈 인 컨퍼뤈스 롸잍 나우

111. Fix me a cup of coffee, please.
픽스 미 어 컾 오브 커피. 플리즈

112. You're just what we're looking for.
유어 저스트 왙 위어 루킹 포

113. I'm happy to work with you.
아임 해피 투 워어크 윋 유

114. Nice to have you here with us.
나이스 투 해브 유 히어 윋 어스

115. I hope you will like it here.
아이 홒 유 윌 라잌 잍 히어

116. Le's get the ball rolling.
렡츠 겥 더 볼 롤링

117. My hands are full.
마이 핸즈 아 풀

118. I don't know whether I'm going or coming.
아이 돈-노우 웨더 아임 고잉 오어 커밍

119. I'm busy as a bee.
아임 비지 애즈 어 비이

120. Right now my hands are tied.
롸잍 나우 마이 핸즈 아 타이드

121. I've got a lot of work to do.
아이브 같 어 랕 오브 워어크 투 두

122. I've got million things to do.
아이브 같 밀리언 띵스 투 두

123. 저는 일이 밀려 있습니다.
124. 저는 지금 쉴 새 없이 일하고 있습니다.
125. 그는 대단히 열심히 일하고 있습니다.
126. 왜 그렇게 열심히 하십니까?
127. 너무 바빠서 손이 채 미치지 못합니다.
128. 마감 시간을 맞춰야 합니다.
129. 마감이 언제입니까?
130. 기간이 언제까지 입니까?
131. 현재 상황이 지체를 허락하지 않습니다.
132. 정오까지 이것을 끝낼 수 있을 것 같습니까?
133. 내일까지는 제 일을 끝내고 싶습니다.
134. 눈코 뜰새없이 일해야 합니다.
135. 그는 동요없이 그 일을 했습니다.
136. 한 시간 안에 이 일을 끝내겠습니다.
137. 이제 체계가 잡혀 갑니다.
138. 우리는 그 문제에 대해 지금 충분히 얘기를 해야 합니다.
139. 우리는 회의를 시작했습니다.
140. 당신이 생각하는 만큼 일이 어렵지는 않습니다.
141. 승낙하신다면, 이제 시작하겠습니다.
142. 이제야 당신이 무슨 말을 하는지 알 것 같습니다.
143. 어려운 점이 바로 그것입니다.
144. 효과가 있었습니까?
145. 그래서 결과는 어떻습니까?
146. 제가 대신 갖다 드리겠습니다.
147. 편지는 전부 발송했습니다.
148. 그녀의 추측은 사실로 밝혀졌습니다.
149. 이거 타이핑할까요?

123. I'm behind in my work.
아임 비하인드 인 마이 워어크

124. I'm on a treadmill now.
아임 온 어 트뤠드밀 나우

125. He is working like a horse.
히 이즈 워어킹 라잌 어 호올스

126. What makes you work so hard?
왙 메잌스 유 워어크 쏘 하아드

127. I'm so busy that I don't get around to it.
아임 쏘 비지 댙 아이 돈-겥 어롸운드 투 잍

128. I must meet the deadline.
아이 머스트 밑 더 데드라인

129. When is the deadline?
웬 이즈 더 데드라인

130. When is it due?
웬 이즈 잍 듀우

131. This situation permits of no delay.
디쓰 시츄에이션 퍼어밑츠 오브 노 딜레이

132. Do you think you can finish this by noon?
두 유 띵크 유 캔 피니쉬 디쓰 바이 눈

133. I want to get my work finished by tomorrow.
아이 원-투 겔 마이 워어크 피니쉬트 바이 투머로우

134. I have to work my tail off.
아이 해브 투 워어크 마이 테일 오프

135. He did it without fluctuation.
히 디드 잍 윋다웉 플럭츄에이션

136. I will get through this work within an hour.
아이 윌 겔 쓰루 디쓰 워어크 위딘 언 아우어

137. It's shaping up now.
잍츠 쉐이핑 엎 나우

138. We have to talk the matter over now.
위 해브 투 톸 더 맽어 오버 나우

139. We kicked the meeting off.
위 킼트 더 미팅 오프

140. The work is not as difficult as you think.
더 워어크 이즈 낱 애즈 디피컬트 애즈 유 띵크

141. With your permission, I'd like to begin.
윋 유어 퍼어미션, 아이드 라잌 투 비긴

142. I'm beginning to see what you mean.
아임 비기닝 투 씨 왇 유 미인

143. That's where our difficulties.
댙츠 웨어 아우어 디피컬티스

144. Did it work?
디드 잍 워어크

145. So how is it working out?
쏘 하우 이즈 잍 워어킹 아웉

146. Let me take it for you.
렡 미 테잌 잍 포 유

147. I have sent off all the letters.
아이 해브 샌트 오프 올 더 렡어스

148. Her guess turned out to be true.
허 게쓰 턴드 아웉 투 비 트루

149. Shall I type this?
쉘 아이 타잎 디쓰

150. 저는 타자치는 데 서툽니다.
151. 그는 사장 앞에 불려 갔습니다.
152. 일 다 마쳤습니까?
153. 앤드류씨, 여기에 싸인 좀 해주시겠습니까?
154. 우선 그 서류 좀 봅시다.
155. 휴식시간을 연장해 달라는 요구서입니다.
156. 사장님께 제출할 생각인가요?
157. 제 업무계획에 충실해야 합니다.
158. 그는 지금 직장에서 어떻게 지내고 있습니까?
159. 저는 제 감정에 충실하는 것이 좋다는 걸 배웠습니다.
160. 그는 그 문제를 해결하려고 그의 여력을 다했습니다.
161. 비용이 얼마나 들지 계산해 봤습니까?
162. 그것을 위해 무엇을 할 수 있을지 알아보겠습니다.
163. 그가 그조건을 수락하게 만들겠습니다.
164. 그는 회사의 장래에 대해 곰곰이 생각하고 있습니다.
165. 그는 남의 요점을 파악하는데 능숙합니다.
166. 꼭 10장만 복사하십시오.
167. 지금 무슨 일을 하고 계세요?
168. 그는 멍하니 앉아있습니다.
169. 말해보세요, 일이 맘에 듭니까?

Lesson 6 : 불평과 불만

170. 지겨운 일이군요.
171. 바쁜 하루였습니다.
172. 완전히 녹초가 되었어요.
173. 제게는 어떤 보탬이 있습니까?

150. I'm not good at typing.
아임 낱 귿 앨 타이핑

151. He was called up before the president.
히 워즈 컬드 엎 비포어 더 프뤠지던트

152. Are you through with your work?
아 유 쓰루 윋 유어 워어크

153. Mr. Andrew, would you sign this?
미스터 앤드류, 우드 유 싸인 디쓰

154. Let me look the papers over first of all.
렐 미 룩 더 페이퍼어스 오버 퍼스트 오브 올

155. It's a demand for longer coffee breaks.
잍츠 어 디맨드 포 롱거 커피 브뤠잌스

156. Are you going to submit it to the boss?
아 유 고잉 투 썹밑 잍 투 더 보쓰

157. I have to stick to my work schedule.
아이 해브 투 스틱 투 마이 워어크 스케쥴

158. How is he making out in his job now?
하우 이즈 히 메이킹 아웉 인 히즈 잡 나우

159. I've learned to do what my emotion tells me.
아이브 러언드 투 두 왙 마이 이모션 텔즈 미

160. He did everything in his power to solve the problem.
히 디드 에브뤼띵 인 히즈 파워 투 썰브 더 프롸블럼

161. Did you figure out how much it will cost me?
디드 유 피겨 아웉 하우 머치 잍 윌 커스트 미

162. I'll see what I can do for it.
아일 씨 왙 아이 캔 두 포-맅

163. I'll get him to accept the offer.
아일 겥 힘 투 억셒트 디 오퍼어

164. He is speculating about the figure of the company.
히 이즈 스펙큘레이팅 어바웉 더 피겨 오브 더 컴퍼니

165. He is good at getting a point across to the people.
히 이즈 근 앹 개팅 어 포인트 어크로쓰 투 더 피플

166. Be sure to make ten copies.
비 슈어 투 메잌 텐 카피스

167. What are you working on?
왙 아 유 워어킹 온

168. He's sitting on his hands.
히즈 씨팅 온 히즈 핸즈

169. Tell me, do you like your job?
텔 미, 두 유 라잌 유어 잡

Lesson 6 불평과 불만

170. It's a boring job.
잍츠 어 보어륑 잡

171. I had a busy day.
아이 해드 어 비지 데이

172. I'm all in.
아임 올 인

173. What's in it for me?
왙츠 인 잍 포 미

174. 저는 매우 지쳤습니다.
175. 오늘은 참 지루한 날이었습니다.
176. 따분한 일이죠, 안 그래요?
177. 모두들 빈둥빈둥 노는군요.
178. 오늘 밤 제가 야근을 해야 한다고요?
179. 저는 오늘 야간 근무를 합니다.
180. 저는 형편없는 급여를 받는 것 같습니다.
181. 급여 좀 올려주시겠어요?
182. 지금쯤은 급여를 올려줄 만하다고 생각지 않으세요?
183. 8월 1일자로 급여를 올려드리겠습니다.
184. 어제 상사와 언쟁을 했습니다.
185. 저는 상사와 사이가 좋지 않습니다.
186. 그 문제에 말려들지 않으려 애썼습니다.
187. 상관은 그의 말을 듣자마자 화를 버럭 냈습니다.
188. 저는 더 이상 그와 왈가왈부하고 싶지 않습니다.
189. 문제가 무엇입니까?
190. 현재 직장에 만족하지 않는다는 말인가요?
191. 그것은 이치에 맞지 않습니다.
192. 그는 올해 승진되지 않았다고 기분 나빠하고 있습니다.
193. 그는 어떻게 그렇게 빨리 부장이 되었습니까?
194. 아마도 연줄이 있나 봅니다.
195. 오늘 아침은 아마도 그녀의 기분이 좋지 않은 모양입니다.
196. 일에 적합한 사람 좀 보내세요.
197. 그는 그 돈을 다 어디에 쓰지요?
198. 그것은 두고 봐야 합니다.

174. I'm pooped.
아임 풒트

175. This has been a long day.
디쓰 해즈 빈 어 롱 데이

176. It's boring, isn't it?
잍츠 보어륑, 이즌트 잍

177. Everyone is goofing around.
에브뤼원 이즈 구핑 어롸운드

178. You mean I have to work overtime tonight?
유 미인 아이 해브 투 워어크 오버타임 투나잍

179. I'm on night duty.
아임 온 나잍 듀티

180. I think I'm under-paid.
아이 띵크 아임 언더-페이드

181. May I have a raise?
메이 아이 해브 어 뤠이즈

182. Don't you think I deserve a raise by now?
돈트 유 띵크 아이 디저어브 어 뤠이즈 바이 나우

183. I'll give you a raise, as of August 1.
아일 기브 유 어 뤠이즈, 애즈 오브 어거스트 원

184. I had words with my boss yesterday.
아이 해드 워어즈 윋 마이 보쓰 예스터데이

185. I'm in hot water with the boss.
아임 인 핱 웥어 윋 더 보쓰

186. I tried to keep out of trouble.
아이 트롸이드 투 킾 아욷 오브 트뤄블

187. When the boss heard about it, he blew his top.
웬 더 보쓰 허어드 어바욷 잍, 히 블루 히즈 탚

188. I don't like to play games with him any more.
아이 돈-라잌 투 플레이 게임스 윋 힘 애니 모어

189. What seems to be the problem?
왙 씸즈 투 비 더 프롸블럼

190. Aren't you happy with your present occupation?
안트 유 해피 윋 유어 프뤠즌트 아큐페이션

191. That doesn't make sense.
댙 더즌트 메잌 센스

192. He is sore over the fact that he wasn't promoted this year.
히 이즈 쏘어 오버 더 팩트 댙 히 워즌트 프뤄모우티드 디쓰 이어

193. How did he get to be a department head so fast?
하우 디드 히 겥 투 비 어 디파아트먼트 헤드 쏘 패스트

194. I guess he has a lot of pull.
아이 게쓰 히 해즈 어 랕 오브 풀

195. Maybe she got up on the wrong side of the bed this morning.
메이비 쉬 같 엎 온 더 뤙 사이드 오브 더 베드 디쓰 모오닝

196. Don' t send a boy to do a man's job.
도운트 센드 어 보이 투 두 어 맨스 잡

197. What does he do with all his money?
왙 더즈 히 두 윋 올 히즈 머니

198. That remains to be seen.
댙 뤼메인즈 투 비 씨인

199. 제가 퇴직한다고 해도 문제될 것은 없습니다.
200. 어림도 없습니다. 저는 그런 짓은 일체 피하고 보자는 사람입니다.
201. 당신 여기 일하러 왔어요, 아니면 놀러 왔어요?
202. 그는 정말 일에 중독된 사람입니다.
203. 사장의 승낙을 얻기란 그만큼 어려운 것입니다.
204. 그에게는 씨도 안 먹힙니다.
205. 그런 일을 하다 보면 묘한 사람들도 더러 만나야 합니다.
206. 우리는 말썽의 소지를 없애야 합니다.
207. 그는 졸병에 불과합니다.
208. 대답이 어째 시원치 않네요.
209. 말 많은 사람에게서 들었는데 제시카는 곧 해고당할 거랍니다.
210. 제시카는 이제 며칠 안 남았습니다.
211. 그 회사는 저와 관련이 점점 없어지고 있습니다.
212. 그 소식에 관련된 사람으로부터 직접 들었습니다.
213. 그는 마침내 해고되었습니다.

Lesson 7 : 출근과 퇴근

214. 그는 몇 시에 출근합니까?
215. 출퇴근 시간은 어떻게 됩니까?
216. 무엇을 타고 출근하십니까?
217. 저는 걸어서 출근합니다.
218. 내일 출근하세요?
219. 3시에 퇴근해도 괜찮을까요?
220. 저는 끝났습니다.
221. 4시 30분까지는 집에 못갈 것 같습니다.
222. 6시 30분. 퇴근시간입니다.

199. I don't think my quitting will matter one bit.
아이 돈-띵크 마이 퀴팅 윌 맽어 원 빝

200. No way. I wouldn't touch that with a ten-foot pole.
노 웨이. 아이 우든트 터치 댙 윋 어 텐-풑 포울

201. Are you here on business or for pleasure?
아 유 히어 온 비즈니쓰 오어 포 플레주어

202. He's a real workaholic.
히즈 어 뤼얼 워어크홀릭

203. It's tough getting on okay from the boss.
잍츠 터프 게팅 온 오케이 프럼 더 보쓰

204. He is a tough cookie.
히 이즈 어 터프 쿠키

205. You must come across some funny people doing that.
유 머스트 컴 어크로쓰 썸 퍼니 피플 두잉 댙

206. We must strike at the root of the trouble.
위 머스트 스트롸잌 앹 더 뤁 오브 더 트뤄블

207. He's just a small fry.
히즈 저스트 어 스몰 프롸이

208. You don't sound very enthusiastic.
유 돈-사운드 베뤼 인쑤지에스틱

209. A little bird told me that Jessica was going to be fired.
어 릳을 버어드 톨드 미 댈 제씨카 워즈 고잉 투 비 파이얼드

210. I'm afraid Jessica's days are numbered.
아임 어프뤠이드 제씨카즈 데이즈 아 넘벌드

211. The company is getting out of hand.
더 컴퍼니 이즈 게팅 아웉 오브 핸드

212. I got the news straight from the horse's mouth.
아이 같 더 뉴스 스트뤠잍 프럼 더 호올시즈 마우쓰

213. He finally got fired.
히 파이널리 같 파이얼드

Lesson 7 | 출근과 퇴근

214. What time does he punch in?
왙 타임 더즈 히 펀치 인

215. What are your hours?
왙 아 유어 아우얼스

216. How do you go to work?
하우 두 유 고우 투 워어크

217. I walk to work.
아이 워크 투 워어크

218. Do you go to work tomorrow?
두 유 고우 투 워어크 투머로우

219. Would you mind if I leave work at three?
우드 유 마인드 이프 아이 리이브 워어크 앹 쓰뤼

220. I'm finished.
아임 피니쉬트

221. I can't make it home by 4:30.
아이 캐앤트 메잌 잍 홈 바이 포어 써어티

222. It's 6:30 - quitting time.
잍츠 식스 써어티 – 퀴팅 타임

223. 저는 지금 퇴근하는 길입니다.
224. 몇 시에 퇴근하십니까?
225. 그는 퇴근했습니다.
226. 그는 막 퇴근했습니다.
227. 컴퓨터를 꺼도 될까요?
228. 그만 퇴근합시다.

Lesson 8 : 기타 표현

229. 그는 풋내기 신입사원입니다.
230. 저는 아직 신인입니다.
231. 그는 망한 사람입니다.
232. 그녀는 미성년자입니다.
233. 그는 군대를 제대한지 얼마 되지 않았습니다.
234. 그는 문단에서 두드러진 인물입니다.
235. 존 웨인은 헐리우드 명사 중의 한 명이었습니다.
236. 그는 철저한 학자입니다.
237. 저는 형을 대신해서 나왔습니다.
238. 왜 이렇게 일이 밀렸습니까?
239. 정말 지루하고 따분한 일이었습니다.
240. 일에 싫증이 났습니까?
241. 지루하십니까?
242. 일단 익히기만 하면 타이핑은 쉽습니다.
243. 우리는 하루 평균 8시간 일합니다.
244. 열심히만 하면 당신도 할 수 있습니다.
245. 그는 난제를 훌륭히 처리할 수 있습니다.
246. 그는 그 도시를 위해서 좋은 일을 하고 있습니다.
247. 당신의 좋은 성과는 보너스 인상을 가져올 겁니다.

223. I'm leaving for the day.
아임 리이빙 포 더 데이

224. What time do you finish? / What time do you punch out?
왙 타임 두 유 피니쉬 / 왙 타임 두 유 펀치 아웉

225. He's gone for the day.
히즈 건 포 더 데이

226. He's just gone for the rest of the day.
히즈 저스트 건 포 더 뤠스트 오브 더 데이

227. Shall I turn the computer off?
쉘 아이 턴 더 컴퓨터 오프

228. Let's call it a day.
렡츠 컬 일 어 데이

Lesson 8 ⋮ 기타 표현

229. He is green.
히 이즈 그륀

230. I'm a new boy on the block.
아임 어 뉴 보이 온 더 블럭

231. He's a wreck.
히즈 어 뤡

232. She is a mirror.
쉬 이즈 어 미뤄

233. He's fresh out of the army.
히즈 프뤠쉬 아웉 오브 디 아미

234. He's a prominent figure in the literary circle.
히즈 어 프롸미넌트 피겨 인 더 리터뤄뤼 써어클

235. John Wayne was one of Hollywood's greats.
존 웨인 워즈 원 오브 헐리우즈 그뤠잍츠

236. He is every inch a scholar.
히 이즈 에브뤼 인치 어 스칼러

237. I'm filling in for my brother.
아임 필링 인 포 마이 브롸더

238. Why are you so far behind in your work?
와이 아 유 쏘 파아 비하인드 인 유어 워어크

239. It was a real pain in the neck.
잍 워즈 어 뤼얼 패인 인 더 넥

240. Are you tired of your work?
아 유 타이어드 오브 유어 워어크

241. Are you bored?
아 유 보얼드

242. Typing is easy once you get the hang of it.
타이핑 이즈 이지 원스 유 겥 더 행 오브 잍

243. We average 8 hours work a day.
위 에버뤼지 에잍 아우얼스 워어크 어 데이

244. You can do it if you put your mind to it.
유 캔 두 잍 이프 유 풑 유어 마인드 투 잍

245. He can skate over thin ice.
히 캔 스케잍 오버 띤 아이스

246. He does a lot of good for the city.
히 더즈 어 랕 오브 근 포 더 씨티

247. Your good work will effect an increase in your bonus.
유어 귿 워어크 윌 이펙트 언 인크뤼즈 인 유어 보너스

248. 그의 목소리는 어떠했습니까?
249. 지금 곧 외출해야 하는데 곤란한 때에 오셨네요.
250. 그는 물건값을 내렸습니다.
251. 저는 20달러를 공짜로 벌었습니다.
252. 월급날이 다가오는군요.
253. 저는 한 달에 두 번 보수를 받습니다.
254. 그는 작은 성공에 크게 만족하고 있습니다.
255. 그는 올 연말에 은퇴하게 됩니다.
256. 그는 조금 일찍 사무실에 도착합니다.

248. How did he sound?
하우 디드 히 싸운드

249. You came at a bad time, for I have to go out right now.
유 캐임 앹 어 배드 타임, 포 아이 해브 투 고우 아웉 롸잍 나우

250. He put down the price of the goods.
히 풑 다운 더 프롸이스 오브 더 귿스

251. I got 20 dollars for nothing.
아이 같 트웬티 달러스 포 나띵

252. Pay day is just about here.
페이 데이 이즈 저스트 어바웉 히어

253. I get paid twice a week.
아이 겥 페이드 트와이스 어 위잌

254. He is puffed with a small success.
히 이즈 퍼프트 윋 어 스몰 썩세쓰

255. He is to retire at the end of this year.
히 이즈 투 뤼타이어 앹 디 앤드 오브 디쓰 이어

256. He usually arrives at the office a little ahead of time.
히 유주얼리 어롸이브스 앹 디 어피스 어 맅을 어헤드 오브 타임

Expressions on the phone

전화 영어

Basic Expression | 기본적인 표현

257. 여보세요, 데이빗과 통화할 수 있을까요?
258. 말씀하십시오.
259. 전화바꿨습니다.
260. 저는 케빈입니다.
261. 목소리를 들으니 반갑습니다.
262. 잘 안 들립니다. 크게 좀 말씀해주시겠습니까?
263. 지금 전화 받으시는 분은 누구십니까?
264. 무슨 일로 전화하셨습니까?
265. 잠시만 기다리세요.
266. 죄송합니다만, 그분은 방금 외출하셨습니다.
267. 그분께 전해드릴 말씀이 있으신가요?

257. Hello. May I speak to David, please?
헬로우. 메이 아이 스픽 투 데이빋, 플리즈

258. Speaking.
스피킹

259. This is he (she).
디쓰 이즈 히 (쉬)

260. This is Kevin speaking.
디쓰 이즈 케빈 스피팅

261. I'm glad to hear from you.
아임 글래드 투 히얼 프럼 유

262. I can't hear you. Will you speak up, please?
아이 캐앤트 히얼 유. 윌 유 스픽 엎, 플리즈

263. May I ask who I am talking with?
메이 아이 에슥 후 아이 엠 토킹 윋

264. What is this in regards to?
왙 이즈 디쓰 인 뤼가아즈 투

265. Hold on, please.
홀드 온, 플리즈

266. I'm sorry, but he just stepped out.
아임 쏘뤼, 벋 히 저스트 스텝 아웉

267. May I have a message for him?
메이 아이 해브 어 메씨지 포 힘

268. 전화 거신 분은 누구십니까?

269. 하얏트 호텔의 데이빗입니다.

270. 괜찮습니다. 제가 다시 전화 드리죠.

271. 제가 전화드렸다고 전해주세요.

272. 알겠습니다. 전화 주셨다고 전해드리겠습니다.

Lesson 1 : 전화 걸기

273. 안녕하세요. 코리아 무역의 브라이언입니다.

274. 안녕하세요. IBM의 아놀드 토마스입니다.

275. 윌슨씨와 통화할 수 있을까요?

276. 윌슨씨 좀 부탁합니다.

277. 윌슨씨 있습니까?

278. 박씨 있습니까?

279. 샐리양과 통화할 수 있을까요?

280. 그분 좀 바꿔주시겠습니까?

281. 젠킨스씨 계십니까?

282. 영업부서 좀 연결해주시겠습니까?

283. 영업부장님과 통화를 하고 싶은데요.

284. 선적부 책임자와 통화할 수 있을까요?

285. 다니엘 정이라고 전해주세요.

286. 그는 제 전화를 기다리고 있을 겁니다.

287. 한국의 해리 윤이라고 합니다. 새로운 계약건으로 전화드렸습니다.

288. 톰슨씨와 통화할 수 있을까요?

289. 미셸양 좀 부탁드립니다.

290. 스티븐씨 좀 바꿔주십시오.

291. 그곳에 힐스라고 하는 영어선생님이 계십니까?

292. 알렉스라는 이름을 가진 분이 계십니까?

268. May I ask who's calling?
메이 아이 에슥 후즈 컬링

269. This is David with Hotel Hyatt.
디쓰 이즈 데이빋 윋 호텔 하얕

270. That's okay. I'll call again later.
댙츠 오케이. 아일 컬 어게인 레잍어

271. Please tell him that I called.
플리즈 텔 힘 댙 아이 컬드

272. All right. I'll tell him you called.
올 롸잍. 아일 텔 힘 유 컬드

Lesson 1 ⋮ 전화 걸기

273. Hello. This is Brian from Korea Trading Company.
헬로우. 디쓰 이즈 브롸이언 프럼 코리아 트뤠이딩 컴퍼니

274. Good morning. I'm Arnold Thomas from IBM.
귿 모오닝. 아임 아놀드 토마스 프럼 아이비엠

275. May I speak to Mr. Wilson?
메이 아이 스픽 투 미스터 윌슨

276. Mr. Wilson, please.
미스터 윌슨, 플리즈

277. Is Mr. Wilson, there?
이즈 미스터 윌슨, 데어

278. Is Mr. Park in?
이즈 미스터 파아크 인

279. Is Miss Sally available?
이즈 미스 쌜리 어베일러블

280. Will you put him on?
윌 유 풑 힘 온

281. Is Mr. Jenkins available?
이즈 미스터 젠킨스 어베일러블

282. Could you put me through to the sales department?
쿠드 유 풑 미 쓰루 투 더 세일즈 디파아트먼트

283. I'd like to speak with the sales manager, please.
아이드 라잌 투 스픽 윋 더 세일즈 매니저, 플리즈

284. Can I speak to the manager of the shipping department.
캔 아이 스픽 투 더 매니저 오브 더 쉬핑 디파아트먼트

285. Please tell him it's Daniel Jung calling.
플리즈 텔 힘 잍츠 데니얼 정 컬링

286. He is expecting my call.
히 이즈 익스펙팅 마이 컬

287. This is Harry Yoon from Korea calling about the new contract.
디쓰 이즈 해뤼 윤 프럼 코리아 컬링 어바웉 더 뉴 컨트뤡트

288. Can I speak to Mr. Thomson, please?
캔 아이 스픽 투 미스터 톰슨, 플리즈

289. I'd like to speak to Miss Michelle, please?
아이드 라잌 투 스픽 투 미스 미셸, 플리즈

290. Let me speak to Mr. Steven, please.
렡 미 스픽 투 미스터 스티븐, 플리즈

291. Is there an English teacher by the name of Mr. Hills?
이즈 데어-런 잉글리쉬 티쳐 바이 더 네임 오브 미스터 힐스

292. Is there anyone there by the name of Mr. Alex?
이즈 데어 애니원 데어 바이 더 네임 오브 미스터 알렉스

293. 잭슨씨 들어오셨습니까?
294. 수출 담당하시는 분 좀 부탁드립니다.
295. 브라운씨가 전화하셨다기에 거는 겁니다.
296. 제임스와 직접 통화하고 싶습니다.
297. 찰스씨 좀 전화 받으라고 해주세요.
298. 사장님 좀 바꿔주십시오.
299. 제니양 좀 다시 바꿔주시겠습니까?
300. 괜찮습니다. 제가 10분 후에 다시 전화하겠습니다.
301. 아니요, 감사합니다. 다시 걸겠습니다.
302. 호텔로 전화해달라고 전해주십시오.
303. 그 분 좀 찾아주시겠습니까?
304. 지금 어디로 전화하면 그와 통화할 수 있을까요?
305. 제임스씨 전화번호를 알고 싶습니다.
306. 그는 언제 시간이 납니까?
307. 미스터 Kim, Kite할 때의 K, Italy할 때의 I, Morning할 때의 M입니다.
308. 그에게 연락할 다른 방법이 없을까요? 급한 일입니다.

Lesson 2 : 전화 받기

309. 전화벨이 울립니다.
310. 전화 좀 받아주세요.
311. 전화 좀 받아주시겠습니까?
312. 제가 전화 받겠습니다.
313. 누구십니까?
314. 누구 찾으십니까?
315. 전화거시는 분은 누구십니까?
316. 누구를 바꿔드릴까요?
317. 누가 전화했다고 전할까요?

293. Is Mr. Jackson in yet?
이즈 미스터 잭슨 인 옛

294. Give me someone in charge of export.
기브 미 썸원 인 차아지 오브 엑스포오트

295. I'm returning Mr. Brown's call.
아임 뤼터닝 미스터 브라운스 컬

296. I want to speak to James in person.
아이 원-투 스픽 투 제임스 인 펄슨

297. Get Mr. Charles on the line.
겥 미스터 찰스 온 더 라인

298. Give me your boss, please.
기브 미 유어 보쓰, 플리즈

299. Would you put Miss Jenny back on the phone, please?
우드 유 풑 미쓰 제니 백 온 더 포운, 플리즈

300. That's okay. I'll call again in ten minutes.
댙츠 오케이. 아일 컬 어게인 인 텐 미닡츠

301. No, thanks. I will call again.
노, 땡스. 아이 윌 컬 어게인

302. Please tell her to call me back at the hotel.
플리즈 텔 허 투 컬 미 백 앹 더 호텔

303. Could you locate him for me, please?
쿠드 유 로케이트 힘 포 미, 플리즈

304. Where do you think I can reach him right now?
웨어 두 유 띵크 아이 캔 뤼이치 힘 롸잍 나우

305. I'd like to have the phone number of Mr. James.
아이드 라잌 투 해브 더 포운 넘버 오브 미스터 제임스

306. When will he be free?
웬 윌 히 비 프뤼

307. Mr. Kim. K-as in Kite; I-as in Italy; M-as in Morning.
미스터 킴. 케이-애즈 인 카이트; 아이-애즈 인 이털리; 앰-애즈 인 모오닝

308. Is there any way I can contact him? It's urgent.
이즈 데어 애니 웨이 아이 캔 컨택트 힘. 잍츠 얼전트

Lesson 2 전화 받기

309. The telephone is ringing.
더 텔러포운 이즈 륑잉

310. Would you get it, please?
우드 유 겥 잍. 플리즈

311. Would you pick up the phone, please?
우드 유 픽 엎 더 포운, 플리즈

312. I will take the call.
아이 윌 테잌 더 컬

313. Who am I speaking with, please?
후 엠 아이 스피킹 윋, 플리즈

314. Who are you calling?
후 아 유 컬링

315. May I ask who's calling?
메이 아이 에슼 후즈 컬링

316. Who do you want to speak with?
후 두 유 원-투 스핔 윋

317. May I tell him who's calling?
메이 아이 텔 힘 후즈 컬링

318. 몇 번으로 거셨습니까?
319. 몇 번으로 거셨습니까?
320. 죄송합니다만, 잘못 거셨습니다.
321. 무슨 일로 그러십니까?
322. 용건이 무엇인지 여쭤봐도 될까요?
323. 잠시만 기다리세요.
324. 잠시만 끊지 말고 기다리세요.
325. 케빈씨, 전화왔습니다.
326. 끊지 말고 기다리세요. 제가 확인해 드릴게요.
327. 그분의 스케줄을 확인해 보겠습니다.
328. 끊지 말고 기다리시겠습니까? 제가 그분을 모셔올게요.
329. 그가 있는지 보겠습니다.
330. 그는 지금 통화 중입니다.
331. 그는 지금 다른 전화를 받고 있습니다.
332. 죄송합니다만, 그는 지금 굉장히 바쁩니다.
333. 그는 아직도 전화를 받고 있습니다.
334. 죄송합니다만, 아직 통화 중입니다.
335. 그와 곧 통화가 될 겁니다.
336. 성함 좀 다시 말씀해 주시겠습니까?
337. 지금 통화 중인 전화를 끊고 이 전화를 받으시겠습니까?
338. 2번 전화를 받으세요.
339. 전화 좀 받아보시겠습니까?
340. 누구에게서 왔습니까?
341. 다시 전화하라고 할까요?
342. 그는 지금 회의 중입니다.
343. 지금 자리 비우셨습니다.
344. 다른 분과 통화하시겠습니까?

318. What number are you calling?
왙 넘버 아 유 컬링

319. What number did you dial?
왙 넘버 디드 유 다이얼

320. I'm sorry, but you have the wrong number.
아임 쏘뤼, 벋 유 해브 더 뤙 넘버

321. What is this concerning?
왙 이즈 디쓰 컨써어닝

322. May I ask what this is about?
메이 아이 에슥 왙 디쓰 이즈 어바웉

323. Hold the line, please.
홀드 더 라인, 플리즈

324. Just hold on for a few seconds.
저스트 홀드 온 포-러 퓨 세컨즈

325. Mr. Kevin, there is a phone call for you.
미스터 케빈, 데얼 이즈 어 포운 컬 포 유

326. Will you hold? I will check for you.
윌 유 홀드. 아이 윌 첵 포 유

327. Let me check his schedule now.
렐 미 첵 히즈 스케쥴 나우

328. Will you hold the line, please? I will go get him.
윌 유 홀드 더 라인, 플리즈. 아이 윌 고우 겔 힘

329. I will see if he is in.
아이 윌 씨 이프 히 이즈 인

330. He is on the phone at the moment.
히 이즈 온 더 포운 앹 더 모먼트

331. He is on another phone right now.
히 이즈 온 언아더 포운 롸잍 나우

332. I'm sorry, but he is tied up at the moment.
아임 소뤼, 벝 히 이즈 타이드 엎 앹 더 모먼트

333. He is still busy on another line.
히 이즈 스틸 비지 온 언아더 라인

334. Sorry, but the line is still busy
쏘뤼, 벝 더 라인 이즈 스틸 비지

335. He will be right with you.
히 윌 비 롸잍 윋 유

336. Could you repeat your name, please?
쿠드 유 뤼핕 유어 네임, 플리즈

337. Do you wish to release the line?
두 유 위쉬 투 륄리즈 더 라인

338. Pick up the phone on line 2, please.
픽 엎 더 포운 온 라인 투, 플리즈

339. Will you answer the phone, please?
윌 유 앤써 더 포운, 플리즈

340. Who wants to speak with me?
후 원츠 투 스핔 윋 미

341. Do you want him to call you back?
두 유 원-힘 투 컬 유 백

342. He is in conference now.
히 이즈 인 컨퍼뤈스 나우

343. He isn't at his desk right now.
히 이즌트 앹 히즈 데스크 롸잍 나우

344. Would you like to speak to someone else?
우드 유 라잌 투 스핔 투 썸원 엘스

345. 기다리시겠습니까, 아니면 10분 후에 다시 거시겠습니까?
346. 사무실에 돌아오면 저에게 전화해달라고 전해주세요.
347. 전화하신 데가 어디시죠?
348. 그에게 전화하라고 할까요?
349. 내일 아침에 다시 전화하시겠습니까?
350. 그에게 전화해달라고 전할까요?
351. 죄송하지만, 성함이 뭐라고 하셨죠?
352. 성의 스펠링이 어떻게 되십니까?
353. 성을 다시 한번 여쭤봐도 될까요?
354. 그분께 말씀 전해드리겠습니다.
355. 찰스씨, 메시지 온 것이 있습니다.
356. 그분이 바로 전화 좀 해달라고 합니다.
357. 저에게 전화 온 데 없었나요?
358. 메시지 온 데는 없었나요?
359. 외출한 사이 전화한 사람 없었나요?
360. 외출한 사이 전화 온 데 없었나요?
361. 어떤 사람이 전화했었는데 이름을 가르쳐주지 않았습니다.
362. 그렇지만 전화번호는 남겼습니다.
363. 누구에게 연락 온 것 없었나요?
364. 무슨 일로 전화했던가요?
365. 전화상으로 그 말밖에 안 하더군요.
366. 계속 통화 중이라 전화가 안 됩니다.
367. 그럼, 계속 해보세요.
368. 그녀와 통화될 때까지 계속 연락해보겠습니다.
369. 전화번호 좀 찾아주시겠습니까?
370. 죄송하지만, 그의 새 번호를 모릅니다.
371. 그분의 전화번호는 약 두 달 전에 바뀌었습니다.

345. Will you hold or call again in ten minutes?
윌 유 홀드 오어 컬 어게인 인 텐 미닡츠

346. Please tell him to call me back when he comes to the office.
플리즈 텔 힘 투 컬 미 백 웬 히 컴즈 투 디 어피스

347. Where are you calling from?
웨어 아 유 컬링 프럼

348. Shall I have him return your call?
쉘 아이 해브 힘 뤼턴 유어 컬

349. Why don't you call him back tomorrow morning?
와이 돈트 유 컬 힘 백 투머로운 모오닝

350. Shall I ask him to call you?
쉘 아이 에슥 힘 투 컬 유

351. Would you mind repeating your name, please?
우드 유 마인드 뤼피팅 유어 네임, 플리즈

352. How is your last name spelled?
하우 이즈 유어 라스트 네임 스펠드

353. May I have your last name again?
메이 아이 해브 유어 라스트 네임 어게인

354. I will give him your message.
아이 윌 기브 힘 유어 메씨지

355. Oh, Mr. Charles, there is a message for you.
오, 미스터 찰스, 데얼 이즈 어 메씨지 포 유

356. He wants you to call him right back.
히 원츠 유 투 컬 힘 롸잍 백

357. Did anyone call me?
디드 애니원 컬 미

358. Are there any messages for me?
아 데어 애니 메씨지스 포 미

359. Did anyone ring me up while I was out?
디드 애니원 륑 미 엎 와일 아이 워즈 아웉

360. Were there any phone calls while I was out?
워 데어 애니 포운 컬스 와일 아이 워즈 아웉

361. A man called, but he wouldn't give me his name.
어 맨 컬드, 벋 히 우든트 기브 미 히즈 네임

362. He left his number, though.
히 레프트 히즈 넘버, 도우

363. Were there any messages left for me?
워 데어 애니 메씨지스 레프트 포 미

364. What did he call about?
왙 디드 히 컬 어바웉

365. That's all he would say on the phone.
댙츠 올 히 우드 쎄이 온 더 포운

366. The line is continuously busy and I can't get through.
더 라인 이즈 컨티뉴어슬리 비지 앤 아이 캐앤트 겥 쓰루

367. Well, keep working on it.
웰, 킾 워어킹 온 잍

368. I will keep calling until I get her.
아이 윌 킾 컬링 언틸 아이 겥 허

369. Would you look up the phone number for me?
우드 유 룩 엎 더 포운 넘버 포 미

370. I'm sorry, but I don't have his new number.
아임 쏘뤼, 벋 아이 돈-해브 히즈 뉴 넘버

371. His number was changed about two months ago.
히즈 넘버 워즈 체인지드 어바웉 투 먼쓰 어고우

372. 새로운 번호는 712-0585입니다.
373. 이제 들리십니까?
374. 전화해 주셔서 감사합니다.

Lesson 3 : 부재 중 전화

375. 죄송합니다만, 그는 지금 자리에 없습니다.
376. 들어오면 전화하라고 전해주시겠습니까?
377. 전화번호가 어떻게 되시죠?
378. 죄송합니다만, 지금 자리에 없습니다.
379. 그는 일주일 동안 자리를 비울겁니다.
380. 그는 지금 휴가 중입니다.
381. 그는 오늘 오후에 쉽니다.
382. 오늘 그는 근무가 아닙니다.
383. 그는 점심 식사하러 나갔습니다.
384. 그는 지금 점심식사 중입니다.
385. 그는 퇴근했습니다.
386. 그는 출장 중입니다.
387. 죄송합니다만, 그 분 여기 그만두셨습니다.
388. 여기 그런 분 안 계시는데요.
389. 그런 이름 가진 분은 안 계십니다.
390. 얼마나 있으면 돌아올까요?
391. 그는 언제쯤 돌아올까요?
392. 한 시간 쯤 후에는 돌아올 것 같습니다.
393. 지금 그는 어디에 있습니까?
394. 그에게 메시지를 남기고 싶은데요.
395. 전하실 말씀 있으세요?
396. 한국에서 온 미스터 김이 전화했다고 그녀에게 전해주세요.

372. It's now 712-0585.
   잍츠 나우 세븐 원 투 – 오 파이브 에잍 파이브

373. Is this better?
   이즈 디쓰 벧어

374. Thank you for calling.
   땡크 유 포 컬링

Lesson 3 ┊ 부재중 전화

375. I'm sorry, but he's not at his desk now.
   아임 쏘뤼, 벋 히즈 낱 앹 히즈 데스크 나우

376. Would you have him call me when he comes back?
   우드 유 해브 힘 컬 미 웬 히 컴즈 백

377. May I have your number, please?
   메이 아이 해브 유어 넘버, 플리즈

378. I'm sorry, but he is not here right now.
   아임 쏘뤼, 벋 히 이즈 낱 히어 롸잍 나우

379. He will be gone for a week.
히 윌 비 건 포-러 위잌

380. He's on vacation now.
히즈 온 베케이션 나우

381. He is off this afternoon.
히 이즈 오프 디쓰 애프터눈

382. Today is his day off.
투데이 이즈 히즈 데이 오프

383. He's out to lunch.
히즈 아웉 투 런치

384. He's on his lunch hour.
히즈 온 히즈 런치 아우어

385. He's gone for the day.
히즈 건 포 더 데이

386. He is out of town.
히 이즈 아웉 오브 타운

387. I'm sorry, but he no longer works here.
아임 쏘뤼, 벝 히 노 롱거 워엌스 히어

388. There is no one here by that name.
데얼 이즈 노 원 히어 바이 댙 네임

389. We don't have anyone by that name.
위 돈-해브 애니원 바이 댙 네임

390. How soon is he expected back?
하우 쑨 이즈 히 익스펙티드 백

391. When do you expect him back?
웬 두 유 익스펙트 힘 백

392. He is expected in an hour or so.
히 이즈 익스펙티드 인 언 아우어 오어 쏘

393. Where can I reach him?
웨어 캔 아이 뤼이치 힘

394. I'd like to leave a message for him.
아이드 라잌 투 리이브 어 메씨지 포 힘

395. Would you like to leave a message?
우드 유 라잌 투 리이브 어 메씨지

396. Please tell her Mr. Kim from Korea called.
플리즈 텔 힘 미스터 킴 프럼 코뤼아 컬드

397. 제게 전화 좀 해달라고 전해주세요.
398. 당신에게 전화하라고 전할까요?
399. 그 사람 책상 위에 메시지 좀 남겨주시겠어요?
400. 사무실로 전화해달라고 전해주시겠어요?
401. 나중에 다시 전화하겠습니다.
402. 그에게 다시 전화하겠습니다.
403. 그냥 안부전화 왔었다고 전해주세요.

Lesson 4 : 전화 교환

404. 구내전화 105번 좀 연결해주시겠어요?
405. 구내 337번 좀 부탁합니다.
406. 저희 전화설비로는 교환이 되지 않습니다.
407. 안내데스크 좀 부탁합니다.
408. 국제선 교환대 좀 부탁합니다.
409. 이 전화를 그의 사무실로 돌려 주시겠습니까?
410. 그의 부서로 연결시켜 드리겠습니다.
411. 교환해 드릴 때까지 끊지 말고 기다리세요.
412. 찰스씨가 연결됐습니다. 말씀하세요.
413. 영업부서의 구내 번호는 몇 번입니까?
414. 여기서 가까운 병원의 전화번호 좀 알려주십시오.
415. 경찰서 좀 대주세요.
416. 누구 번호를 찾고 계십니까?
417. 심슨씨 좀 연결해 주시겠습니까?
418. 번호를 알 수 있는 방법이 없을까요?
419. 죄송합니다만, 알 길이 없습니다.
420. 이 전화는 외부 전화가 아닙니다.

397. Please ask him to give me a ring.
플리즈 에슥 힘 투 기브 미 어 륑

398. Do you want him to call you back?
두 유 원-힘 투 컬 유 백

399. Would you leave a message on his desk?
우드 유 리이브 어 메씨지 온 히즈 데스크

400. Could you ask him to call me at the office?
쿠드 유 에슥 힘 투 컬 미 앹 디 어피스

401. I'll call again later.
아일 컬 어게인 레잍어

402. I'll call him back
아일 컬 힘 백

403. Just tell him I called to say hello.
저스트 텔 힘 아이 컬드 투 쎄이 헬로우

404. Can you switch me over to the extension 105, please?
캔 유 스윌치 미 오버 투 디 익스텐션 원 오 파이브, 플리즈

405. Extension 337, please.
익스텐션 쓰뤼 쓰뤼 세븐, 플리즈

406. Our phone system doesn't handle transfers.
아우어 포운 시스템 더즌트 핸들 트뤤스퍼어스

407. Give me the front desk, please.
기브 미 더 프런트 데스트, 플리즈

408. Please get me the overseas operator.
플리즈 겥 미 디 오버씨이스 오퍼뤠이터

409. Would you transfer this call to his office?
우드 유 트뤤스퍼 디쓰 컬 투 히즈 어피스

410. I will get you his division.
아이 윌 겥 유 히즈 디비젼

411. Hold on while I transfer your call.
홀드 온 와일 아이 트뤤스퍼 유어 컬

412. Mr. Charles is on the line. Please go ahead.
미스터 찰스 이즈 온 더 라인. 플리즈 고우 어헤드

413. What is the extension number of the sales division?
왙 이즈 디 익스텐션 넘버 오브 더 세일즈 디비젼

414. I want the number of any hospital that is near here.
아이 원트 더 넘버 오브 애니 하스피틀 댙 이즈 니얼 히어

415. Get me the police station.
겥 미 더 폴리스 스테이션

416. Whose number are you looking for?
후즈 넘버 아 유 루킹 포

417. Would you put me through to Mr. Simpson?
우드 유 풑 미 쓰루 투 미스터 심슨

418. Is there any way I can get the number?
이즈 데어 애니 웨이 아이 캔 겥 더 넘버

419. I'm sorry, but I have no idea.
아임 쏘뤼, 벋 아이 해브 노 아이디어

420. This isn't an outside line.
디쓰 이즌트 언 아웉사이드 라인

421. 외부 전화를 하려면 5번을 누르세요.
422. 신호가 안 떨어지는데요.
423. 교환원에게 전화해서 물어보세요.
424. 114번을 눌러서 번호를 알아보세요.
425. 전화번호부를 찾아보셨나요?

Lesson 5 : 시외 및 국제 전화

426. 서울로 시외전화를 하려고 합니다.
427. 미국 뉴욕으로 국제전화를 하고 싶습니다.
428. 장거리 교환 부탁합니다.
429. LA로 장거리 전화를 하려고 합니다.
430. 전화 연결됐습니다. 말씀하세요.
431. 지금 어디에 전화하십니까?
432. 하와이까지 통화료는 얼마입니까?
433. 몇 통화 하셨습니까?
434. 서울에 수신자 부담 전화를 하려구요.
435. 텍사스의 조지 부시와 지명통화를 하려고 합니다.
436. 교환, 지금 서울 현지시간이 어떻게 되지요?
437. 통화하고자 하는 사람의 이름과 번호를 알려주시겠습니까?
438. 누구와 통화하시겠습니까?
439. 그녀의 전화번호를 모르겠습니다.
440. 전호번호부에서 그 번호 좀 찾아주시겠습니까?
441. 그녀 이름은 샐리, 샐리 브라운입니다.
442. 걸고 싶은 번호는 214-0586입니다.
443. 요금은 수신자 부담으로 해주세요.
444. 요금을 부담할 사람이 그곳에 있을까요?

421. Dial 5 to get an outside line.
다이얼 파이브 투 겥 언 아웉사이드 라인

422. I don't get a dial tone.
아이 돈-겥 어 다이얼 토운

423. Dial the operator and ask.
다이얼 디 오퍼뤠이터 앤 에슥

424. Why don' t you dial 114 and ask for the number?
와이 돈트 유 다이얼 원 원 포어 앤 에슥 포 더 넘버

425. Did you look in the directory?
디드 유 룩 인 더 디뤡토뤼

Lesson 5 시외 및 국제 전화

426. I'd like to place a long distance call to Seoul.
아이드 라잌 투 플레이스 어 롱 디스턴스 컬 투 써울

427. I'd like to make an overseas call to New York, USA.
아이드 라잌 투 메잌 언 오버씨이스 컬 투 뉴요옼, 유에스에이

428. Long distance, please.
롱 디스턴스, 플리즈

429. I'd like to make a long distance call to Los Angeles.
아이드 라잌 투 메잌 어 롱 디스턴스 컬 투 로스 앤젤레스

430. The party is on the line. Please go ahead.
더 파아티 이즈 온 더 라인. 플리즈 고우 어헤드

431. Where are you calling, please?
웨어 아 유 컬링, 플리즈

432. How much is a phone call to Hawaii?
하우 머치 이즈 어 포운 컬 투 하와이

433. How many calls did you make?
하우 매니 컬즈 디 유 메잌

434. I'd like to make a collect call to Seoul.
아이드 라잌 투 메잌 어 컬렉트 컬 투 써울

435. I'd like to place a person-to-person call to George Bush in Texas.
아이드 라잌 투 플레이스 어 펄슨-투-펄슨 컬 투 죠지 부쉬 인 텍사스

436. Operator, can you tell me what time it is in Seoul right now?
오퍼뤠이터, 캔 유 텔 미 왙 타임 잍 이즈 인 써울 롸잍 나우

437. Will you give me the name and number of the person you wish to call?
윌 유 기브 미 더 네임 앤 넘버 오브 더 펄슨 유 위쉬 투 컬

438. Who would you like to talk to?
후 우드 유 라잌 투 톡 투

439. I don't know her number.
아이 돈-노우 허 넘버

440. Could you look it up in the telephone directory for me?
쿠드 유 룩 잍 엎 인 더 텔러포운 디뤡토뤼 포 미

441. Her first name is Sally, Sally Brown.
허 퍼스트 네임 이즈 샐리, 샐리 브롸운

442. The number I want to call is two one four oh five eight six (214-0586).
더 넘버 아이 원-투 컬 이즈 투 원 포우 오 파이브 에잍 식스

443. Make it a collect call.
메잌 잍 어 컬렉트 컬

444. Is there someone at that number to accept the charge?
이즈 데어 썸원 앹 댙 넘버 투 억셒트 더 차이지

Section 02 Expressions on the phone

445. 시카고로부터의 콜렉트 콜을 받으시겠습니까?

Lesson 6 : 기타 표현

446. 우리는 전화를 개설해야 합니다.
447. 거기 은행이죠?
448. 앤드류씨 댁입니까?
449. 어느 분이신지 잘 모르겠는데요.
450. 저는 제이슨인데 전화하셨다기에 전화하는 겁니다.
451. 전화 연락해도 되겠습니까?
452. 815-0588로 연락하시면 저와 연락이 됩니다.
453. 제 전화번호는 553-3119입니다.
454. 이 번호로 걸면 항상 계신가요?
455. 밤 9시 이후에 전화하면 됩니다.
456. 6시에 전화해 주시겠습니까?
457. 오늘밤 호텔로 전화를 주시면 어떻습니까?
458. 그것에 관한 새로운 정보를 듣거든 제게 전화해주십시오.
459. 긴급할 경우에는 우리 집으로 연락하세요.
460. 막 전화하려던 참이었습니다.
461. 지금 당장 그녀에게 전화하겠습니다.
462. 제게 전화를 하다니 기분이 묘하군요!
463. 전화 좀 빨리 쓰시겠습니까? 중요한 전화를 받을 게 있습니다.
464. 당신과 통화하게 되어 기쁘군요.
465. 괜찮다면 끊지 않고 기다리겠습니다.
466. 저쪽에 공중전화 박스가 있습니다.
467. 당신과 통화하려 했으나 통화할 수 없었습니다.
468. 집으로 전화하지 마세요.

445. Will you accept a collect call from Chicago?
월 유 억셉트 어 컬렉트 컬 프럼 시카고

Lesson 6 | 기타 표현

446. We will have to have a telephone installed.
위 윌 해브 투 해브 어 텔러포운 인스톨드

447. Is this the bank?
이즈 디쓰 더 뱅크

448. Is this Mr. Andrew'esidence?
이즈 디쓰 미스터 앤드류스 뤠지던스

449. I don't recognize your voice.
아이 돈-뤠코그나이즈 유어 보이스

450. This is Jason returning your call.
디쓰 이즈 제이슨 뤼터닝 유어 컬

451. Can I get in touch with you by phone?
캔 아이 겥 인 터치 윋 유 바이 포운

452. You can reach me by calling 815-5088.
유 캔 뤼이치 미 바이 컬링 에잍 원 파이브 – 파이브 오 에잍 에잍

453. My phone number is 553-3119.
마이 포운 넘버 이즈 파이브 파이브 쓰뤼 – 쓰뤼 원 원 나인

454. Are you at this number all the time?
아 유 앹 디쓰 넘버 올 더 타임

455. You'd better call me later than 9 o'clock at night.
유드 벹어 컬 미 레잍어 댄 나인 어클랔 앹 나잍

456. Will you call me at six?
윌 유 컬 미 앹 식스

457. Why don't you call me tonight at the hotel?
와이 돈트 유 컬 미 투나잍 앹 더 호텔

458. Ring me up if you hear any new information about that.
륑 미 엎 이프 유 히얼 애니 뉴 인포메이션 어바웉 댙

459. In case of emergency, you can reach me at home.
인 케이스 오브 이머어젼시, 유 캔 뤼이치 미 앹 홈

460. I was just going to call you.
아이 워즈 저스트 고잉 투 컬 유

461. I will call her right now.
아이 윌 컬 허 롸잍 나우

462. Funny you should call me!
퍼니 유 슈드 컬 미

463. Would you please finish soon? I have an important call to receive.
우드 유 플리즈 피니쉬 쑨. 아이 해브 언 임포오턴트 컬 투 뤼씨이브

464. I'm glad I got a hold of you.
아임 글래드 아이 같 어 홀드 오브 유

465. I will hold the line, if I should.
아이 윌 홀드 더 라인, 이프 아이 슈드

466. There is a public phone booth over there.
데얼 이즈 어 퍼블릭 포운 부쓰 오버 데어

467. I tried to get a hold of you, but I couldn't get through.
아이 트롸이드 투 겥 어 홀드 오브 유, 벝 아이 쿠든트 겥 쓰루

468. Don't call me at home.
도운트 컬 미 앹 홈

469. 집에 없습니다. 사무실로 전화하세요.
470. 사무실로 전화해도 될까요?
471. 전화 좀 써도 될까요?
472. 네, 사용하세요.
473. 어젯밤 회신전화를 할 수 없었습니다.
474. 스테이시양의 전화를 기다리고 있습니다.
475. 오늘밤이 아니라 내일 아침에 전화하겠습니다.
476. 내일 아침 일찍 그녀에게 꼭 전화하십시오.
477. 스미스씨가 당신께 전화하라고 하셨습니다.
478. 방금 전에 통화한 분이신가요?
479. 그 소식 들으셨어요?
480. 죄송합니다만, 전화상으로 말씀드리기가 곤란합니다.
481. 나중에 연락할 방법이 없을까요?
482. 죄송합니다만, 이제 전화를 끊어야겠습니다.
483. 사적인 전화입니다. 제가 나중에 다시 하겠습니다.
484. 지금 주무시는데요, 깨워드릴까요?
485. 누가 전화하면 한 시간 후에 돌아온다고 전해주십시오.
486. 제가 말하는 것을 메모해 주십시오.
487. 그에게 전화해 달라는 메시지를 남겼습니다.
488. 전화를 혼자만 쓰지 마세요.
489. 하루 종일 회의로 꽉 잡혀 있습니다.
490. 죄송합니다만, 전화를 잘못 거신 것 같습니다.
491. 전화를 다시 걸어도 될까요?
492. 전화가 혼선되었습니다.
493. 전화가 끊겼습니다.
494. 현재 통화 중입니다.

469. I won't be home. Call me at the office.
아이 워운트 비 홈. 컬 미 앹 디 어피스

470. Can I call you at your office?
캔 아이 컬 유 앹 유어 어피스

471. Do you mind if I use your phone?
두 유 마인드 이프 아이 유즈 유어 포운

472. Sure, go ahead.
슈어, 고우 어헤드

473. I couldn't return your call last night.
아이 쿠든트 뤼턴 유어 컬 라스트 나잍

474. I'm expecting a call from Miss Stacey
아임 익스펙팅 어 컬 프럼 미쓰 스테이시

475. I can call you tomorrow morning but not tonight.
아이 캔 컬 유 투머로우 모오닝 벋 낱 투나잍

476. Be sure to call her early in the morning.
비 슈어 투 컬 허 얼리 인 더 모오닝

477. Mr. Smith referred me to you.
미스터 스미쓰 뤼펄드 미 투 유

478. Are you the same person I just talked to?
아 유 더 쌔임 펄슨 아이 저스트 톡-투

479. Did you hear the news?
디드 유 히얼 더 뉴스

480. I'm sorry, but I can't give out that information over the phone.
아임 쏘리, 벋 아이 캐앤트 기브 아웉 댙 인포메이션 오버 더 포운

481. Is there any way I can contact you later?
이즈 데어 애니 웨이 아이 캔 컨택트 유 레일어

482. Excuse me. I have to hang up now.
익스큐즈 미. 아이 해브 투 행 엎 나우

483. It's a personal call. I'll call again later.
잍츠 어 퍼어스널 컬. 아일 컬 어게인 레일어

484. He is in bed now. Shall I wake him up?
히 이즈 인 베드 나우. 쉘 아이 웨잌 힘 엎

485. In case anyone calls, tell him I'll be back in about an hour.
인 케이스 애니원 컬스, 텔 힘 아일 비 백 인 어바웉 언 아우어

486. Please make a note of what I'm saying.
플리즈 메잌 어 노우트 오브 왙 아임 쎄잉

487. I left a message for him to call.
아이 레프트 어 메씨지 포 힘 투 컬

488. You should not hog the phone.
유 슈드 낱 허그 더 폰

489. I'll be tied up with meetings all day.
아일 비 타이드 엎 윋 미팅스 올 데이

490. I'm sorry, but I think I have the wrong number.
아임 쏘뤼, 벋 아이 띵크 아이 해브 더 뤙 넘버

491. May I call you back?
메이 아이 컬 유 백

492. The lines are crossed.
더 라인스 아 크로쓰트

493. We were cut off.
위 워 컽 오프

494. The line is busy at the moment.
더 라인 이즈 비지 앹 더 모먼트

495. 당신께 전화했어야 했는데 그랬군요.
496. 이 전화는 고장입니다.
497. 이 번호는 제 눈에 익지 않습니다.
498. 이 근처에 공중전화가 있습니까?
499. 얼마짜리 동전을 넣어야 합니까?
500. 제 말이 끝나기도 전에 그녀는 전화를 끊어버렸습니다.
501. 아예 전화를 받지도 마세요.
502. 위급한 경우에는 911번을 누르세요.
503. 이 번호로 긴급통화를 할 수 있나요?

495. I should have called you.
아이 슈드 해브 컬드 유

496. This phone is out of order.
디쓰 포운 이즈 아웉 오브 오더

497. This number doesn't ring a bell to me.
디쓰 넘버 더즌트 륑 어 벨 투 미

498. Is there a pay phone near here.
이즈 데얼 어 페이 포운 니어 히어

499. What coin should I insert?
왙 코인 슈드 아이 인써어트

500. She hung up on me.
쉬 헝 엎 온 미

501. Don't even answer the phone at all.
도운트 이븐 앤써 더 포운 앨 올

502. In case of emergency, dial 911.
인 케이스 오브 이머어젼시, 다이얼 나인 원 원

503. Can I have an emergency call to this number?
캔 아이 해브 언 이머어젼시 컬 투 디쓰 넘버

Part 02
토론과 협상

Discussion &Negotiation

Expressions at the meeting

회의 및 토론

Basic Expression | 기본적인 표현

1. 자리에 앉아 주십시오.
2. 케빈씨를 소개합니다.
3. 이렇게 모시게 되어 기쁩니다.
4. 그에게 큰 박수 부탁드립니다.
5. 누구 차례입니까?
6. 다음은 당신 차례입니다.
7. 당신의 의견을 말씀해주십시오.
8. 잠시 제게 주목해주십시오.
9. 여러분 앞에서 연설하게 되어 영광입니다.
10. 제가 예를 하나 들겠습니다.
11. 잠깐 동안 쉽시다.
12. 저도 당신과 동감입니다.
13. 저도 그 계획에 찬성합니다.
14. 주제와 관련된 말만 해 주십시오.
15. 오늘은 이만 끝냅시다.

Lesson 1 : 회의 준비

16. 여러 가지 준비가 진행 중입니다.
17. 모든 게 질서정연합니다.
18. 말끔히 차려입은 특별한 이유라도 있습니까?
19. 우리는 월요일마다 모입니다.
20. 그가 틀림없이 옵니까?
21. 상사가 모임에 오는지 여부를 확인해야 합니다.
22. 제 자리를 좀 마련해주세요.
23. 의자를 이쪽으로 끌고 오세요.

1. Please be seated. / Please have a seat.
   플리즈 비 씨이티드 / 플리즈 해브 어 씨읕
2. Please welcome, Mr. Kevin.
   플리즈 웰컴 미스터 케빈
3. We are happy to have you with us.
   위 아 해피 투 해브 유 윋 어스
4. Let's give him a big hand.
   렏츠 기브 힘 어 빅 핸드
5. Who's turn is it?
   후즈 턴 이즈 잍
6. You're on the next.
   유어 온 더 넥스트
7. Please give us your opinion.
   플리즈 기브 어스 유어 어피니언

8. May I have your attention for a while.
메이 아이 해브 유어 어텐션 포-러 와일

9. It's my honor to speak in front of you.
잍츠 마이 아너 투 스핔 인 프런트 오브 유

10. Let me take an example.
렡 미 테잌 언 이그잼플

11. Let's take a coffee break.
렡츠 테잌 어 커피 브뤠잌

12. I agree with you.
아이 어그뤼 윋 유

13. I'm in favor of the plan.
아임 인 페이버 오브 더 플랜

14. Stick to the topic, please.
스팈 투 더 타픽, 플리즈

15. Let's call it a day.
렡츠 컬 잍 어 데이

Lesson 1 회의 준비

16. The preparations are under way.
더 프뤼퍼뤠이션스 아 언더 웨이

17. Everything is in order.
에브뤼띵 이즈 인 오더

18. Do you have any good reason for being all dressed up?
두 유 해브 애니 귿 뤼이즌 포 비잉 올 드뤠쓰트 엎

19. We get together every Monday.
위 겥 투게더 에브리 먼데이

20. Are you sure he's coming?
아 유 슈어 히즈 커밍

21. We must make certain that the boss can come to the meeting.
위 머스트 메잌 써어튼 댙 더 보쓰 캔 컴 투 더 미팅

22. Please make this room for me.
플리즈 메잌 디쓰 룸 포 미

23. Pull up the chair here, please.
풀 엎 더 체어 히어, 플리즈

24. 우리의 특별한 손님께 큰 박수를 부탁드립니다.
25. 오늘 저녁 이곳에 모시게 되어 기쁩니다.
26. 참석해 주셔서 즐거웠습니다.
27. 공간이 매우 비좁습니다.
28. 어쩐지 서먹서먹합니다.
29. 벌벌 떨지 마세요.

Lesson 2 : 회의 진행

30. 개회를 선언합니다.
31. 한 장씩 돌려주세요.
32. 본론으로 들어갑시다.
33. 기록하세요.
34. 다음은 누구 차례입니까?
35. 차례대로 얘기합시다.
36. 당신 차례입니다.
37. 그 사람은 목청을 가다듬었습니다.
38. 화제를 바꾸지 마세요.
39. 바로 요점만 말씀드리겠습니다.
40. 제 의견을 알리게 되어 기쁩니다.
41. 그것 밖에는 아는 것이 없습니다.
42. 지금 생각나는 건 그것밖에 없습니다.
43. 또 뭐 알고 싶은 것이 있습니까?
44. 여기까지 질문 없습니까?
45. 저는 말이 나오질 않았습니다.
46. 그는 긴장해서 할 말을 잃었습니다.
47. 그러니까 생각납니다.
48. 그게 사실이라는 것을 알고 있습니다.

24. Let's give a big hand to our special guest.
렐츠 기브 어 빅 핸드 투 아우어 스페셜 게스트

25. We are happy to have you here with us tonight.
위 아 해피 투 해브 유 히어 윋 어스 투나잍

26. We enjoyed having you here.
위 인조이드 해빙 유 히어

27. There is not enough room to swing a bat.
데얼 이즈 낱 이너프 룸 투 스윙 어 뱉

28. I feel out of place.
아이 필 아웉 오브 플레이스

29. Don't be a chicken.
도운트 비 어 치킨

Lesson 2 회의 진행

30. Let the meeting be called to order.
렡 더 미팅 비 컬드 투 오더

31. Pass them out, please.
패쓰 뎀 아웉, 플리즈

32. Let's get to the point.
렙츠 겥 투 더 포인트

33. Take a note.
테잌 어 노우트

34. Who's turn is it next?
후즈 턴 이즈 잍 넥스트

35. Let's speak in turn.
렙츠 스핔 인 턴

36. It's your turn.
잍츠 유어 턴

37. He cleared his throat.
히 클리어드 히즈 쓰로웉

38. Don't change the subject.
도운트 체인지 더 써브젝트

39. I will get right to the point.
아이 윌 겥 롸잍 투 더 포인트

40. I'm very happy to give you my opinion.
아임 베뤼 해피 투 기브 유 마이 어피니언

41. That's all I know about it.
댙츠 올 아이 노우 아바웉 잍

42. That's all I can think of at the moment.
댙츠 올 아이 캔 띵크 오브 앹 더 모먼트

43. What else do you want to know?
왙 엘스 두 유 원-투 노우

44. Does anyone have any question so far?
더즈 애니원 해브 애니 퀘스쳔 쏘 파아

45. I was tongue-tied.
아이 워즈 텅-타이드

46. The cat got his tongue.
더 캘 갈 히즈 텅

47. That reminds me.
댙 뤼마인즈 미

48. I know it is a fact.
아이 노우 잍 이즈 어 팩트

49. 어떻게 그런 생각을 해내셨습니까?
50. 일리가 있는 말입니다.
51. 입장을 바꿔놓고 생각해 보십시오.
52. 그렇게 생각하는 건 너무 안이합니다.
53. 제 이야기를 끝까지 들어주세요.
54. 제 말을 이해하시겠어요?
55. 제 말을 이해하시겠어요?
56. 당신은 한 마디 빠뜨렸습니다.
57. 제가 한 말 취소하겠습니다.
58. 우리는 그 문제로 한바탕 입씨름을 벌였습니다.
59. 성급하게 결론 내리고 싶지 않습니다.
60. 미안합니다. 그 말은 주제를 벗어난 이야기입니다.
61. 여기서 문제가 무엇입니까?
62. 그는 모임에서 체면을 잃었습니다.
63. 그녀는 뭔가 작은 소리로 소곤거렸습니다.
64. 7시까지는 회의를 끝냅시다.
65. 잠깐만 쉬고 합시다.
66. 10분간만 쉽시다.
67. 거의 휴식시간이 다 되어 갑니다.
68. 잠시 손을 놓고 커피나 마십시다.

Lesson 3 : 의사 결정

69. 재청있습니까?
70. 재청합니다.
71. 동의안에 찬성하시는 분은 '예'라고 대답해주십시오.
72. 반대하시는 분은 '아니오'라고 대답해 주십시오.
73. 우리는 회의 규칙 개정에 동의합니다.

49. How did the idea strike you?
하우 디드 디 아이디어 스트롸잌 유

50. That makes sense to me.
댈 메잌스 센스 투 미

51. Put yourself in my shoes.
풑 유어셀프 인 마이 슈즈

52. It is a little too optimistic to think so.
잍 이즈 어 맅을 투 옵티미스틱 투 띵크 쏘

53. Please hear me out.
플리즈 히얼 미 아울

54. Are you with me?
아 유 윋 미

55. Do you follow me?
두 유 팔로우 미

56. You left out one word.
유 레프트 아웉 원 워어드

57. I will take back my words.
아이 윌 테잌 백 마이 워어즈

58. We had very heated arguments over the issue.
위 해드 베뤼 히티트 아규먼츠 오버 디 이쓔

59. I don't want to hasten to the conclusion.
아이 돈-원-투 해이슨 투 더 컨클루젼

60. Excuse me. That's out of topic.
익스큐즈 미. 댙츠 아웉 오브 타픽

61. What's the problem here?
왙츠 더 프롸블럼 히어

62. He lost his face at the meeting.
히 로스트 히즈 페이스 앹 더 미팅

63. She said something under her breath.
쉬 쎄드 썸띵 언더 허 브뤠쓰

64. Let's get the meeting over by 7:00.
렡츠 겥 더 미팅 오버 바이 세븐

65. Let's take a coffee break for a while.
렡츠 테잌 어 커피 브뤠잌 포-러 와일

66. Let's take a ten-minute break.
렡츠 테잌 어 텐-미닡츠 브뤠잌

67. It's getting near tea time.
잍츠 게팅 니어 티 타임

68. Let's get up for a while and have some coffee.
렡츠 겥 엎 포-러 와일 앤 해브 썸 커피

Lesson 3 의사 결정

69. Are there any seconds?
아 데어 애니 세컨즈

70. I second the motion.
아이 세컨드 더 모션

71. All those in favor of the motion say 'aye'.
올 도우즈 인 페이버 오브 더 모션 쎄이 예

72. All those against the motion say 'nay'.
올 도우즈 어게인스트 더 모션 쎄이 나이

73. We motion that the convention rule be amended.
위 모션 댙 더 컨벤션 룰 비 어멘디드

74. 이사회는 그 제안을 부결시켰습니다.
75. 아직 결정되지 않았습니다.
76. 그것은 만장일치로 결정되었습니다.
77. 결정하셨습니까?
78. 당신은 어느 편입니까?
79. 당신은 찬성입니까, 반대입니까?
80. 저는 반대하지 않습니다.
81. 저도 마찬가지 생각입니다.
82. 저는 거기에 전적으로 찬성합니다.
83. 저도 전적으로 찬성합니다.
84. 당신이 무엇을 하든지, 저는 당신 편입니다.
85. 그는 반대하고 있습니다.
86. 이것은 비공식입니다.
87. 회의 결과는 어떻게 되었습니까?
88. 모임은 어땠습니까?
89. 회의는 대성공이었습니다.
90. 우리 계획은 아직 미정입니다.
91. 처음에는 서먹하게 느끼실 겁니다.
92. 분위기에 어울릴 수 없었습니다.

Lesson 4 : 제안하기

93. 제가 도와 드릴 일이라도 있나요?
94. 무엇을 좀 도와드릴까요?
95. 당신에게 달렸습니다.
96. 제가 안내를 해드릴까요?
97. 도움이 필요하면 언제든 말씀하세요.
98. 좋습니다. 그 일을 어서 끝냅시다.

74. The board of directors turned down the proposal.
    더 보오드 오브 디뤡털스 턴드 다운 더 프로포절

75. It's up in the air.
    잍츠 엎 인 디 에어

76. It was a unanimous decision.
    잍 워즈 어 유내너머스 디씨젼

77. Did you make up your mind?
    디드 유 메잌 엎 유어 마인드

78. Which side are you on?
    위치 사이드 아 유 온

79. Are you for or against?
    아 유 포 오어 어게인스트

80. I'm not against it.
    아임 낱 어게인스트 잍

81. I feel the same way.
    아이 필 더 쌔임 웨이

82. I'm all for it.
    아임 올 포 잍

83. I whole-heartedly agree with you.
    아이 호울-하아티들리 어그뤼 윋 유

84. Whatever you do, I'm with you.
왙에버 유 두, 아임 윋 유

85. He is on the other side of the fence.
히 이즈 온 디 아더 사이드 오브 더 펜스

86. This is off the record.
디쓰 이즈 오프 더 뤠코드

87. How did the meeting turn out?
하우 디드 더 미팅 턴 아웉

88. How the meeting go?
하우 더 미팅 고우

89. The meeting was a great success.
더 미팅 워즈 어 그뤠잍 썩세쓰

90. Our plans are all up in the air.
아우어 플랜스 아 올 엎 인 디 에어

91. At first you'll feel out of place.
앹 퍼스트 유일 필 아웉 오브 플레이스

92. I felt so out of place.
아이 펠트 쏘 아웉 오브 플레이스

Lesson 4 제안 하기

93. Is there anything I can do for you?
이즈 데어 애니팅 아이 캔 두 포 유

94. What can I do for you?
왙 캔 아이 두 포 유

95. It's up to you.
잍츠 엎 투 유

96. Do you want me to show you around?
두 유 원-미 투 쇼우 유 어롸운드

97. Ask me whenever you need my help.
에스크 미 웬에버 유 니이드 마이 헬프

98. All right. Let's get it over with.
올 롸잍. 렡츠 겥 잍 오버 윋

99. 세부를 면밀히 조사해 봅시다.
100. 좋으실 대로 하십시오.
101. 기꺼이 도와드리겠습니다.
102. 한번 타협해 봅시다.
103. 마음을 털어놓고 얘기해 봅시다.
104. 다 털어놓겠습니다.
105. 홉킨스씨와 허심탄회하게 얘기하십시오.
106. 하루나 이틀 정도 생각할 시간을 좀 주시겠습니까?
107. 식사나 하며 얘기할 수 있을까요?
108. 제가 가서 가져오겠습니다.
109. 제가 당신의 입장이라면, 그렇게 하겠습니다.
110. 이제 그만합시다.
111. 이걸로 청산된 것으로 합시다.
112. 최악의 경우에 대비하는 게 좋겠어요.
113. 그만하면 충분할 겁니다.
114. 걱정하지 마세요. 저에게 맡기세요.
115. 저에게 맡기고 참으세요.
116. 참으세요. 뒤처리는 제가 하겠습니다.
117. 화해합시다.
118. 남이야 뭘 하든 상관하지 않는 것이 좋겠습니다.
119. 제게 좋은 생각이 있습니다.
120. 이 서류에 기입 좀 해주시겠습니까?
121. 당신이 좋다면 한번 들여다보지요.
122. 하룻밤 자면서 잘 생각해 보십시오.
123. 자연스럽게 행동하세요.
124. 그것을 최대한 잘 이용해 봅시다.
125. 필요 없는 것은 빼놓는 게 좋겠습니다.

99. Let's go through the details now.
렐츠 고우 쓰루 더 디테일스 나우

100. Do as you please.
두 애즈 유 플리즈

101. I'm willing to help you.
아임 윌링 투 헬프 유

102. I will meet you halfway.
아이 윌 밑 유 해프웨이

103. Let's have a heart to heart talk.
렐츠 해브 어 하아트 투 하아트 톡

104. I will have it out.
아이 윌 해브 잍 아웉

105. Feel free to talk with Mr. Hopkins, please.
필 프뤼 투 톡 윋 미스터 홉킨스, 플리즈

106. May I have a day or two to think it over?
메이 하이 해브 어 데이 오어 투 투 띵크 잍 오버

107. Could you have a little talk over dinner?
쿠드 유 해브 어 맅을 톡 오버 디너

108. I will go get it for you.
아이 윌 고우 겥 잍 포 유

109. If I were in your shoes, I would do that.
이프 아이 워 인 유어 슈즈, 아이 우드 두 댙

110. Let's beat it.
렡츠 비잍 잍

111. Let's call it square.
렡츠 컬 잍 스퀘어

112. You'd better prepare yourself for the worst.
유드 벹어 프뤼페어 유어셀프 포 더 월스트

113. That should be enough.
댙 슈드 비 이너프

114. Don't worry. Leave it to me.
도운트 워뤼. 리이브 잍 투 미

115. Leave it to me, and take it easy.
리이브 잍 투 미, 앤 테잌 잍 이지

116. Just take it easy, and I'll take care of it.
저스트 테잌 잍 이지, 앤 아일 테잌 케어 오브 잍

117. Let's bury the hatchet.
렡츠 베뤼 더 핻칱

118. You'd better keep your nose nice and clean.
유드 벹어 킾 유어 노우즈 나이스 앤 클린

119. I will tell you what.
아이 윌 텔 유 왙

120. Would you fill this out?
우드 유 필 디쓰 아웉

121. I will have a look at it if you like.
아이 윌 해브 어 룩 앹 잍 이프 유 라잌

122. Consult your pillow.
컨설트 유어 필로우

123. Just be yourself.
저스트 비 유어셀프

124. Let's make the best use of it.
렡츠 메잌 더 베스트 유즈 오브 잍

125. You should leave out unnecessary things.
유 슈드 리이브 아웉 언네서쌔뤼 띵스

126. 그런 의미에서 우리 악수나 합시다.
127. 나빠도 좋다고 우기세요.
128. 잠시 상황 좀 지켜봅시다.

Lesson 5 : 충고하기

129. 조심하세요.
130. 화내지 마세요.
131. 이제 욕 좀 그만하시겠습니까?
132. 농담을 너무 심하게 하지 마세요.
133. 이러시면 안 됩니다.
134. 진담으로 받아들이지 마세요.
135. 개의치 마십시오.
136. 실수를 두려워하지 마세요.
137. 격식 따위는 따지지 마세요.
138. 쓸데없는 짓 하지 마세요.
139. 저를 실망시키지 마세요.
140. 명심하세요.
141. 하는 게 좋을 것 같거든 하세요.
142. 방해하지 마십시오.
143. 비밀로 해 두십시오.
144. 아무에게도 말하지 마십시오.
145. 비밀을 누설하지 마십시오.
146. 좀 더 자세히 보십시오.
147. 그래서 어떻게 됐죠?
148. 빙빙 둘러대지 말고 결론을 말씀해 주십시오.
149. 어떠한 경우라도 반드시 제게 알려주십시오.
150. 당신에게 무슨 일이 있었는지 세세히 얘기해 주십시오.

126. Let's shake on that.
렛츠 쉐잌 온 댙

127. Why don't you talk black into white?
와이 돈트 유 토크 블랙 인투 화잍

128. See which way the cat jumps.
씨 위치 웨이 더 캩 점프스

Lesson 5 충고하기

129. Be careful. / Watch out.
비 케어플 / 워치 아웉

130. Don't lose your temper.
도운트 루즈 유어 템퍼

131. Why don't you stop saying bad words?
와이 돈트 유 스탚 쎄잉 배드 워어즈

132. Don't carry a joke too far.
도운트 캐뤼 어 조욱 투 파아

133. You shouldn't do this.
유 슈든트 두 디쓰

134. Don't take it serious.
도운트 테잌 잍 씨어뤼어스

135. Please don't bother.
프리즈 도운트 바더

136. Don't be afraid of making mistakes.
도운트 비 어프뤠이드 오브 메이킹 미스테잌스

137. Don't stand on ceremony.
도운트 스탠드 온 쎄뤠머니

138. Don't ask for trouble.
도운트 에슼 포 트뤄블

139. Don't let me down.
도운트 렡 미 다운

140. Keep that in mind.
킾 댙 인 마인드

141. Do it as you see fit.
두 잍 애즈 유 시 핕

142. Don't stand in my way.
도운트 스탠드 인 마이웨이

143. Please keep it under your hat.
플리즈 킾 잍 언더 유어 햍

144. Keep it to yourself.
킾 잍 투 유어셀프

145. Don't let the cat out of the bag.
도운트 렡 더 캩 아웉 오브 더 백

146. Take a close look.
테잌 어 클로즈 뤀

147. So, tell me more.
쏘, 텔 미 모어

148. Skip the details and give me the bottom line.
스킾 더 디테일스 앤 기브 미 더 밭텀 라인

149. In any case, be sure to let me know.
인 애니 케이스, 비 슈어 투 렡 미 노우

150. Tell me word for word what happened to you.
텔 미 워어드 포 워어드 왙 해픈드 투 유

151. 먼저 선수를 치세요.
152. 기회를 잡으세요.
153. 일찍 자고 일찍 일어나는 게 좋습니다.
154. 일찍 일어나십시오.
155. 상사에게 말대꾸 하지 마십시오.
156. 요점을 바로 말하십시오.
157. 진지해야 합니다.
158. 당신이 좋아하는 것을 하십시오.
159. 지금 곧 일에 착수하십시오.
160. 지금 바로 결심해 주십시오.
161. 작은 소리에도 귀 기울이십시오.
162. 여기서 무슨 일이 벌어지고 있는지 잘 관찰해야 합니다.
163. 추태를 부리지 말고 조용히 하십시오.
164. 절 괴롭히지 마세요, 아니면 후회할 겁니다.
165. 잊어버리세요.
166. 너무 회의적으로 생각하지 마십시오.
167. 형세를 먼저 살펴보십시오.
168. 이제 논쟁은 그만 합시다.
169. 그의 말을 액면 그대로 받아들이지 마십시오.
170. 너무 심각하게 받아들이지 마십시오.
171. 입장을 바꾸어보면, 그것이 어떤지 알게 될 것입니다.
172. 양다리를 걸칠 수는 없습니다.
173. 그는 저에게 많은 조언을 해 주었습니다.
174. 그는 따끔한 맛을 좀 봐야합니다.
175. 그 사람과 사귀지 마십시오.
176. 그만 두는 것이 좋겠습니다.
177. 최선을 다하십시오.

151. Catch the ball before the bound.
캘치 더 볼 비포어 더 바운드

152. Take a chance.
테잌 어 챈스

153. You'd better keep early hours.
유드 벹어 킾 얼리 아우얼스

154. Get up with the chickens.
겥 엎 윋 더 치킨스

155. Don't talk back to your boss.
도운트 톸 뱈 투 유어 보쓰

156. Go right down to business.
고우 롸잍 다운 투 비즈니쓰

157. You should keep a straight face.
유 슈드 킾 어 스트뤠잍 페이스

158. Do your stuff.
두 유어 스터프

159. Get down to your work straight away.
겥 다운 투 유어 워어크 스트뤠잍 어웨이

160. Please make up your mind on the spot.
플리즈 메잌 엎 유어 마인드 온 더 스팥

161. Hold your ear to the ground.
홀드 유어 이어 투 더 그롸운드

162. You have to observe carefully what's going on here.
유 해브 투 오브저어브 케어풀리 왙츠 고잉 온 히어

163. Don't carry on and be quiet.
도운트 캐뤼 온 앤 비 콰이얼

164. Don't mess with me, or you'll be sorry.
도운트 메쓰 윋 미, 오어 유일 비 쏘뤼

165. Forget about it.
포겥 아바웉 잍

166. Don't be skeptical.
도운트 비 스켚티컬

167. See how the land lies.
씨 하우 더 랜드 라이즈

168. Let's smoke a peace-pipe.
렡츠 스목 어 피이스-파잎

169. Don't take what he says at face value.
도운트 테잌 왙 히 쌔즈 앹 패이스 밸유

170. Don't take it to heart.
도운트 테잌 잍 투 하아트

171. If you turn the table around, you will see what it is like.
이프 유 턴 더 데이블 어롸운더, 유 윌 씨 왙 잍 이즈 라잌

172. You cannot have it both ways.
유 캔낱 해브 잍 보쓰 웨이즈

173. He gave me many pieces of advice.
히 게이브 미 매니 피이씨스 오브 어드바이스

174. He deserves a lesson.
히 디저어브즈 어 레쓴

175. Don't associate with him.
도운트 어쏘시에이트 윋 힘

176. You'd better put a stop to it.
유드 벧어 풑 어 스탚 투 잍

177. Be all you can be.
비 올 유 캔 비

178. 포기하다니 부끄러운 줄 아십시오!
179. 세월이 걸릴 겁니다.
180. 그들과 화해하는 것은 어려울 겁니다.
181. 일단 요령만 터득하고 나면 어렵지 않을 겁니다.
182. 규칙대로 하는 것이 좋을 겁니다.
183. 저야 뭘 하든 상관하지 마십시오.
184. 사람은 겉보기로는 알 수 없습니다.
185. 저에게 책임을 전가하지 마십시오.
186. 계획대로 잘 실행하면 성공할 겁니다.
187. 취미에 너무 몰두하지 마십시오.
188. 자수성가해야 합니다.
189. 오해하지 마십시오.
190. 말보다는 행동이 중요합니다.
191. 무슨 일이든 자신의 척도로만 바라보지 마십시오.
192. 다시는 일부러 그런 짓 하지 마십시오.
193. 당신은 그런 생각을 버려야 합니다.
194. 저에게 지나친 칭찬은 하지 마십시오.
195. 도중에 말이 막히거든 적당히 이어 나가십시오.
196. 당신이 직접 하는 편이 좋겠습니다.
197. 제발 언성을 높이지 마십시오.
198. 당신은 한눈을 팔고 있습니다.
199. 때로는 당신의 실수에 대한 대가를 치러야만 합니다.
200. 무엇보다도, 그녀에게 말할 때는 각별히 주의하십시오.
201. 너무 굽실거리지 마세요.
202. 오는 말이 고아야 가는 말이 곱습니다.
203. 당신은 그것을 잘 이용해야 합니다.

178. Shame on you for giving up!
쉐임 온 유 포 기빙 엎

179. I know it takes time.
아이 노우 잍 테잌스 타임

180. It will be hard to come to terms with them.
잍 윌 비 하아드 투 컴 투 터엄스 윋 뎀

181. You won't find the work difficult, once you get your hand in.
유 워운트 파인드 더 워어크 디피컬트, 원스 유 겥 유어 핸드 인

182. You'd better go by the book.
유드 벹어 고우 바이 더 붘

183. Don't poke your nose into my business.
도운트 폭 유어 노우즈 인투 마이 비즈니쓰

184. You can't always go by looks.
유 캐앤트 올웨이즈 고우 바이 룩스

185. Don't pass the buck to me.
도운트 패쓰 더 벅 투 미

186. We will succeed if we lay our cards right.
위 윌 썩시드 이프 위 레이 아우어 카아즈 롸잍

187. Try not to go to extremes over hobbies.
트롸이 낱 투 고우 투 익스트륌스 오버 하비즈

188. Stand on your bottom line.
스탠드 온 유어 바텀 라인

189. Don't get me wrong.
도운트 겥 미 뤙

190. Action speaks louder than words.
액션 스핔스 라우더 댄 워어즈

191. Don't see things just by your own measures.
도운트 씨 띵스 저스트 바이 유어 오운 메졀스

192. Don't go and do a thing like that again.
도운트 고우 앤 두 어 띵 라잌 댙 어게인

193. You must give up the idea.
유 머스트 기브 엎 디 아이디어

194. No soft soap for me.
노 소트프 쏘웊 포 미

195. If you get stuck, just ad-lib.
이프 유 겥 스턱, 저스트 애드-립

196. You'd better do it yourself.
유드 벹어 두 잍 유어셀프

197. Don't raise your voice, please.
도운트 뤠이즈 유어 보이스, 플리즈

198. You have a hundred lines.
유 해브 어 헌드뤠드 라인스

199. Sometimes you have to pay for your mistake.
썸타임즈 유 해브 투 페이 포 유어 미스테잌

200. Above all, be careful of what you say to her.
어보브 올, 비 케어플 오브 왙 유 쎄이 투 허

201. Don't sing small.
도운트 씽 스몰

202. You scratch my back and I will scratch yours.
유 스크뤹치 마이 백 앤 아이 윌 스크뤹치 유얼스

203. You should take advantage of it.
유 슈드 테잌 어드밴티지 오브 잍

Section 03 Expression at the meeting

Lesson 6 : 의견 묻기

204. 잠깐 얘기 좀 할 수 있을까요?
205. 잠깐 좀 볼 수 있을까요?
206. 단도직입적으로 질문 좀 해도 될까요?
207. 그것을 언제 해 놓을까요?
208. 제가 무엇을 했으면 합니까?
209. 공통점이 무엇입니까?
210. 끝났습니까?
211. 하려는 말이 무엇입니까?
212. 어떻게 뾰족한 수가 없을까요?
213. 지금 뭘 하고 계세요?
214. 제때에 해낼 수 있겠어요?
215. 누가 그 얘기를 하던가요?
216. 맹세하십니까?
217. 저 이만하면 괜찮아 보입니까?
218. 이건 뭔가 잘못된 것 같지 않습니까?
219. 그것은 당신에게 유용합니까?
220. 제가 거절하면 어떻게 되는 겁니까?
221. 정말 모른단 말이세요?
222. 제가 한 게 마음에 드세요?
223. 이제 시작할까요?
224. 제 말 이해하시겠어요?
225. 알아 들으셨어요?
226. 그건 식은 죽 먹기입니다.
227. 그 이야기를 들으니 뭐가 떠오릅니까?
228. 이것은 어떻습니까?
229. 누가 당신의 의견 따위를 물었나요?
230. 특별히 좋아하시는 것이 있습니까?

Lesson 6 의견 묻기

204. You got a minute?
유 같 어 미닡

205. May I see you for a moment?
메이 아이 씨 유 포-러 모먼트

206. Do you mind if I ask you some point-blank questions?
두 유 마인트 이프 아이 에슥 유 썸 포인트-블랭크 퀘스천스

207. When do you want it done?
웬 두 유 원-잍 던

208. What do you want me to do?
왙 두 유 원-미 투 두

209. What do you have in common?
왙 두 유 해브 인 컴먼

210. Are you through?
아 유 쓰루

211. What do you have in mind?
왙 두 유 해브 인 마인드

212. Isn't there any way out?
이즌트 데어 애니 웨이 아웉

213. What are you up to?
왙 아 유 엎 투

214. Can you make it on time?
캔 유 메잌 잍 온 타임

215. Who told you about that?
후 톨드 유 어바웉 댙

216. Do you swear?
두 유 스웨어

217. Do I look all right?
두 아이 룩 올 롸잍

218. Isn't this topsy-turvy?
이즌트 디쓰 탑시-터어비

219. Do you find it helpful?
두 유 파인드 잍 헬프풀

220. What if I say no?
왙 이프 아이 쎄이 노

221. You mean you don't know?
유 미인 유 돈-노우

222. Are you happy with my work?
아 유 해피 윋 마이 워어크

223. Are we ready to start?
아 위 뤠디 투 스타아트

224. Do you understand what I mean?
두 유 언더스탠드 왙 아이 미인

225. Do you get me? / Get it?
두 유 겥 미 / 겥 잍

226. It's all peaches and cream.
잍츠 올 피이치즈 앤 크뤼임

227. What does the story remind you of?
왙 더즈 더 스토뤼 뤼마인드 유 오브

228. How does this sound?
하우 더즈 디쓰 사운드

229. Who asked for your two cents?
후 에슼트 포 유어 투 센츠

230. Do you prefer one to another?
두 유 프뤼퍼 원 투 언아더

231. 당신은 어느 편입니까?
232. 포기하시겠어요? / 모르시겠어요?
233. 진짜에요, 아님 농담이에요?
234. 뭐가 그리 좋습니까?
235. 정말 그럴까요?
236. 좋은 생각이 떠오르십니까?
237. 그 사람 입을 다물게 만들려면 뭘 줘야 할까요?
238. 목적지가 어디 입니까?
239. 내일까지 기다리는 게 좋지 않을까요?
240. 이제 본론으로 들어갑시다.
241. 잠깐 쉽시다.
242. 한 잔 대접하겠습니다.
243. 한 잔 마시고 잡시다.
244. 그에게서 어떤 인상을 받았습니까?
245. 그게 잘못됐습니까?
246. 도대체 그것들이 무엇입니까?
247. 얼마나 오래 걸렸습니까?
248. 얼마나 있으면 끝날까요?
249. 자, 이제 제가 어떻게 하면 되지요?
250. 약속을 취소해도 될까요?

Lesson 7 : 주장하기

251. 전 그것에 대해 얘기할 만큼 했습니다.
252. 더 이상은 참을 수가 없습니다.
253. 저는 그가 의심스럽습니다.
254. 저의 모든 계획은 차질 없이 진행되고 있습니다.
255. 뻔지 뻔합니다.

231. Which side are you on?
위치 사이드 아 유 온

232. Do you give up?
두 유 기브 엎

233. Are you serious or joking?
아 유 씨어뤼어스 오어 조킹

234. What's so good about it?
왙츠 쏘 귿 어바웉 잍

235. Can this be true?
캔 디쓰 비 트루

236. Can you come up with an idea?
캔 유 컴 엎 윋 언 아이디어

237. What can I give him to keep him from telling?
왙 캔 아이 기브 힘 투 킾 힘 프럼 텔링

238. What's your destination?
왙츠 유어 데스티네이션

239. Suppose we wait until tomorrow.
써포우즈 위 웨잍 언틸 투머로우

240. Let's get down to business.
렡츠 겔 다운 투 비즈니쓰

241. Let's take a coffee break.
렡츠 테잌 어 커피 브뤠잌

242. I will treat you to a drink.
아이 윌 트뤁 유 투 어 드륑크

243. Let's have a nightcap and hit the sack.
렡츠 해브 어 나잍캪 앤 힡 더 쌕

244. What impression did you get of him?
왙 임프뤠션 디드 유 겥 오브 힘

245. What's wrong with it?
왙츠 뤙 윋 잍

246. Whatever are they?
왙에버 아 데이

247. How long did it last?
하우 롱 디드 잍 라스트

248. How soon will it be over?
하우 쑨 윌 잍 비 오버

249. Now, what am I going to do?
나우, 왙 앰 아이 고잉 투 두

250. Can I call off the appointment?
캔 아이 컬 오프 디 어포인트먼트

Lesson 7 주장하기

251. I've done enough talking about it.
아이브 던 이너프 토킹 어바웉 잍

252. I can't stand it any more.
아이 캐앤트 스탠드 잍 애니 모어

253. I'm very suspicious of him.
아임 베뤼 써스피셔스 오브 힘

254. All my plans are on their way now.
올 마이 플랜스 아 온 데어 웨이 나우

255. I will bet I know what it is.
아이 윌 벹 아이 노우 왙 잍 이즈

256. 그건 제 마음대로입니다.
257. 그는 자기 이상에 충실하려고 노력하고 있습니다.
258. 저는 아무에게도 얘기한 적 없습니다.
259. 가능성은 반반입니다.
260. 그런 건 모르겠습니다.
261. 전혀 모르겠습니다.
262. 이건 제가 장담할 수 있는 사실입니다.
263. 그것은 틀림없습니다.
264. 의심의 여지가 없습니다.
265. 제게는 승산이 있습니다.
266. 그는 자기의 행동이 위법이 아니라고 주장했습니다.
267. 전 단지 농담을 했을 뿐입니다.
268. 저는 그녀에게 화낼 만한 이유가 있습니다.
269. 제가 이 청구서의 돈을 낼 이유가 없습니다.
270. 저는 요령을 배웠습니다.
271. 저는 이 일을 더 이상 맡지 못하겠습니다.
272. 묵비권을 행사하겠습니다. (미국 헌법 5조, 묵비권)
273. 우리를 믿으세요.
274. 저만 괴짜가 되고 싶지 않습니다.
275. 제게는 죽느냐 사느냐의 문제입니다.
276. 그녀는 뚜렷한 주관을 갖고 있습니다.
277. 아닙니다. 제가 할 수 있습니다.
278. 그것은 식은 죽 먹기입니다.
279. 저는 그의 성격을 잘 알고 있습니다.
280. 저는 어떤 일을 중도에 그만둘 수 없습니다.

256. That's my privilege.
댙츠 마이 프뤼빌리지

257. He's trying to live up to his ideals.
히즈 트롸잉 투 리브 엎 투 히즈 아이디얼스

258. I've never told anybody.
아이브 네버 톨드 애니바디

259. The chances are even.
더 챈시즈 아 이븐

260. I don't even know about that.
아이 돈-이븐 노우 아바웉 댙

261. I couldn't make anything of it.
아이 쿠든트 메잌 애니띵 오브 잍

262. This is a fact to which I can speak.
디쓰 이즈 어 팩트 투 위치 아이 캔 스픽

263. There is no doubt about it.
데얼 이즈 노 다웉 어바웉 잍

264. There is no room for doubt.
데얼 이즈 노 룸 포 다웉

265. I have all the cards in my hands.
아이 해브 올 더 카아즈 인 마이 핸즈

266. He said his action was in accordance with the law.
히 쎄드 히즈 액션 워즈 인 어코던스 윋 더 러어

267. I was only fooling.
아이 워즈 온리 푸울링

268. I have a good reason to get angry with her.
아이 해브 어 귿 뤼이즌 투 겥 앵그리 윋 허

269. I have no reason to pay this bill
아이 해브 노 뤼이즌 투 페이 디쓰 빌

270. I've got my hand in.
아이브 같 마이 핸드 인

271. I can't take on any more work.
아이 캐앤트 테잌 온 애니 모어 워어크

272. I will take the fifth! / No comment!
아이 윌 테잌 더 피프쓰 / 노 컴맨트

273. You can count on us.
유 캔 카운트 온 어스

274. I don't want to be the only oddball.
아이 돈-원-투 비 디 온리 아드볼

275. It's all or nothing with me.
잍츠 올 오어 나띵 윋 미

276. She knows her own mind.
쉬 노우즈 허 오운 마인드

277. No thanks. I can handle it.
노 땡쓰. 아이 캔 핸들 잍

278. It's all peaches and cream.
잍츠 올 피이치스 앤 크뤼임

279. I know his temper very well.
아이 노우 히즈 템퍼 베뤼 웰

280. It's not my way to leave anything half done.
잍츠 낱 마이 웨이 투 리이브 애니띵 해프 던

281. 좋아요, 그럼 한번 기다려보겠습니다.
282. 차라리 조그만 곳의 우두머리가 되고 싶습니다.
283. 그것을 의심할 필요도 없습니다.
284. 그에게 불만이 많이 있습니다. 그와 결판을 내야겠습니다.
285. 그와 타협을 해봐야겠습니다.
286. 저도 남들처럼 살아갈 수 있습니다.
287. 막중한 책임을 지고 살아가도록 태어났나 봅니다.
288. 그런 말을 해서는 안 된다는 것 정도는 알고 있습니다.
289. 제 의견이 받아들여질 때까지 계속 단식 투쟁을 할 겁니다.
290. 좌우간 한번 해보겠습니다.
291. 저를 믿어보세요. 무언가를 보여드리겠습니다.
292. 기회를 주세요. 제가 어떤 사람인지 보여드리겠습니다.
293. 절대 입밖에 내지 않기로 맹세합니다.
294. 걱정 마세요. 절대 말하지 않을게요.
295. 저는 최선을 다할 것입니다.
296. 저는 굳게 결심했습니다.
297. 죽을 때까지 기다릴 겁니다.
298. 포기하고 싶습니다.
299. 그는 철두철미합니다.
300. 남이 뭐라든, 저는 제 일을 하겠습니다.
301. 두고 보십시오.
302. 우린 끝까지 싸울 겁니다.

Lesson 8 : 긍정적 의견

303. 문제 없습니다. / 괜찮습니다.
304. 근사하게 들리네요.

281. Well, then, I will wait and see.
웰, 덴, 아이 윌 웨잍 앤 씨

282. I'd rather be a big fish in a small pond.
아이드 뤠더 비 어 빅 피쉬 인 어 스몰 판드

283. There is no question about it.
데얼 이즈 노 퀘스쳔 어바웉 잍

284. I've got a complaint against him. I'll have it out with him.
아이브 같 어 컴플레인트 어게인스트 힘. 아일 해브 잍 아웉 윋 힘

285. I'll try to make a deal with him.
아일 트롸이 투 메잌 어 디일 윋 힘

286. I am keeping up with the Joneses.
아이 엠 키핑 엎 윋 더 존시즈

287. I guess I was born to a life of great responsibility.
아이 게쓰 아이 워즈 보온 투 어 라이프 오브 그뤠잍 뤼스판서빌러티

288. I know better than to say that.
아이 노우 벹어 댄 투 쎄이 댙

289. I will continue my hunger strike until my idea is accepted.
아이 윌 컨티뉴 마이 헝거 스트롸잌 언틸 마이 아이디어 이즈 억셉티드

290. I will take a chance anyway.
아이 윌 테잌 어 챈스 애니웨이

291. Believe me. I'll show you something.
빌리이브 미. 아일 쇼우 유 썸띵

292. Give me a chance. I'll show you what I am like.
기브 미 어 챈스. 아일 쇼우 유 왙 아이 엠 라잌

293. I swear my lips are sealed.
아이 스웨어 마이 맆스 아 씨일드

294. Don't worry. My lips are sealed.
도운트 워뤼. 마이 맆스 아 씨일드

295. I will do better than my best.
아이 윌 두 벹어 댄 마이 베스트

296. I had my heart set on going.
아이 해드 마이 하아트 셑 온 고잉

297. I will wait an eternity.
아이 윌 웨잍 언 이터어너티

298. I want to throw in the towel.
아이 원-투 쓰로우 인 더 타우얼

299. He is a belt and suspenders man.
히 이즈 어 벨트 앤 써스펜더어스 맨

300. Whatever others say, I will do my duty.
왙에버 아더어스 쎄이, 아이 윌 두 마이 듀티

301. Just wait and see.
저스트 웨잍 앤 씨

302. We will fight it out.
위 윌 파이트 잍 아웉

Lesson 8 긍정적 의견

303. No problem. / No sweat.
노 프롸블럼 / 노 스웰

304. That sounds fine. / Sounds great.
댙 사운즈 파인 / 사운즈 그뤠잍

305. 제가 보장합니다.
306. 제가 보기에 그 아이디어는 아주 좋군요.
307. 좀 생각해 보겠습니다.
308. 걱정하지 마세요.
309. 저는 걱정하지 마세요. 혼자서 해낼 수 있습니다.
310. 당신 좋으실 대로 선택하세요.
311. 그렇게 해주시겠습니까?
312. 어떤 점에서는 그가 옳습니다.
313. 저도 그렇게 말했습니다.
314. 그렇게 말할 수도 있겠지요.
315. 전 상관없습니다.
316. 제가 말한 그대로입니다.
317. 정말이에요.
318. 그건 의심의 여지가 없습니다.
319. 정말 그렇습니다!
320. 제게 말씀하시는 겁니까?
321. 그것 역시 다르지 않습니다.
322. 말하자면 깁니다.
323. 그 문제에 있어서는 저도 동감입니다.
324. 알겠습니다.
325. 전 괜찮습니다.
326. 좋은 생각 같습니다.
327. 당신이 옳은 것 같습니다.
328. 뭘 결정하시든 저는 좋습니다.
329. 알았어요, 그 정도면 충분해요.
330. 아, 무슨 말씀이신지 알겠습니다.
331. 이제야 알만하군요!
332. 이제 알겠습니다.

305. I give my word on it.
아이 기브 마이 워어드 온 잍

306. That idea strikes me as a good one.
댈 아이디어 스트롸잌스 미 애즈 어 귿 원

307. Let me give it some thought.
렡 미 기브 잍 썸 쏘웉

308. Don't worry about it.
도운트 워뤼 어바웉 잍

309. Don't worry about me. I can hold my own.
도운트 워뤼 어바웉 미. 아이 캔 홀드 마이 오운

310. I'd like you to make the choice.
아이드 라잌 유 투 메잌 더 초이스

311. Would you, please?
우드 유, 플리즈

312. In a way he is right.
인 어 웨이 히 이즈 롸잍

313. That's what I said.
댙츠 왙 아이 쎄드

314. You can put it that way.
유 캔 풑 잍 댈 웨이

315. It's all right by me.
일츠 올 롸잍 바이 미

316. I mean exactly what I said.
아이 미인 이그잭틀리 왙 아이 쎄드

317. I mean it.
아이 미인 잍

318. No doubt about it.
노 다웉 어바웉 잍

319. I will say!
아이 윌 쎄이

320. Are you speaking to me?
아 유 스피킹 투 미

321. It doesn't make any difference.
잍 더즌트 메잌 애니 디퍼런스

322. It's going to be a long story.
잍츠 고잉 투 비 어 롱 스토뤼

323. I'm with you on that matter.
아임 윋 유 온 댙 매러

324. I've got it.
아이브 같 잍

325. That's fine with me.
댙츠 파인 윋 미

326. That sounds like a good idea.
댙 사운즈 라잌 어 귿 아이디어

327. I will bet you're right.
아이 윌 벹 유어 롸잍

328. Whatever you decide is all right with me.
왙에버 유 디싸이드 이즈 올 롸잍 윋 미

329. I see, that's good enough.
아이 씨, 댙츠 귿 이너프

330. Oh, I see what you mean.
오, 아이 씨 왙 유 미인

331. That figures!
댙 피겨즈

332. I get the picture now.
아이 겥 더 픽쳐 나우

333. 네, 압니다.
334. 당신의 취지를 알겠습니다.
335. 이제 분명히 알겠습니다.
336. 뭐라고 꼬집어 말할 수 없습니다.
337. 당신 말이 맞습니다.
338. 그럴 만도 하네요.
339. 어느 쪽이든 괜찮습니다.
340. 마음 편히 하세요.
341. 편하신 대로 하세요.
342. 오늘 오후 당신과 함께 있게 되어 영광입니다.
343. 오늘은 이것으로 끝내겠습니다. 그만 가도 좋습니다.
344. 오늘은 이만 끝냅시다.
345. 서두르지 마세요.
346. 실례 좀 하겠습니다.
347. 좋습니다, 그럼 무슨 일인지 얘기 좀 들어봅시다.
348. 당신만 준비되면 저는 언제든지 좋습니다.
349. 당신께 말씀드릴 것이 있습니다.
350. 잠깐 뵙고 싶습니다.
351. 상의드리고 싶은 게 있습니다.
352. 당신과 할 얘기가 있습니다.
353. 한 잔 하면서 얘기합시다.
354. 숨김없이 털어놓고 얘기해 보세요.
355. 기탄없이 말하겠습니다.
356. 있는 그대로 말하는 것이 중요합니다.
357. 저기요! 이것이 제가 원하는 것입니다.
358. 그는 재치 있는 생각들로 넘칩니다.
359. 그 정도는 제가 처리할 수 있습니다.

333. I can dig it.
아이 캔 딕 잍

334. I see your point.
아이 씨 유어 포인트

335. It's easy to put two and two together.
잍츠 이지 투 풑 투 앤 투 투게더

336. I can't pinpoint it.
아이 캐앤트 핀포인트 잍

337. You can say that again.
유 캔 쎄이 댙 어게인

338. That sounds reasonable.
댙 사운즈 뤼즈너블

339. Either will do.
이더 윌 두

340. Make yourself at home.
메잌 유어셀프 앹 홈

341. Make it at your convenience.
메잌 잍 앹 유어 컨비니언스

342. It's my honor being with you this afternoon.
잍츠 마이 아너 비잉 윋 유 디쓰 애프터눈

343. That's all for today. You may go.
댙츠 올 포 투데이. 유 메이 고우

344. Let's call it a day.
렡츠 컬 잍 어 데이

345. Take your time.
테잌 유어 타임

346. Please excuse me.
플리즈 익스큐즈 미

347. Fine, let me have the news.
파인, 렡 미 해브 더 뉴스

348. I am ready whenever you are.
아이 앰 뤠디 웬에버 유 아

349. I have something to tell you.
아이 해브 썸띵 투 텔 유

350. I'd like to see you for a few minutes.
아이드 라잌 투 씨 유 포-러 퓨 미닡츠

351. There's something I'd like to discuss with you.
데얼즈 썸띵 아이드 라잌 투 디스커쓰 윋 유

352. I must have words with you.
아이 머스트 해브 워어즈 윋 유

353. Let's discuss the matter over the bottle.
렡츠 디스커쓰 더 맬어 오버 더 바틀

354. Put your cards on the table.
풑 유어 카아즈 온 더 테이블

355. I will let myself loose.
아이 윌 렡 마이셀프 루우즈

356. It's important to tell as it is.
잍츠 임포오턴트 투 텔 애즈 잍 이즈

357. Listen! Here's what I want.
리슨. 히얼즈 왙 아이 원트

358. He is full of bright ideas.
히 이즈 풀 오브 브롸잍 아이디어스

359. I can handle that.
아이 캔 핸들 댙

360. 끝까지 물고 늘어지세요.
361. 혼자 있게 해주세요.
362. 제가 안내해 드리겠습니다.
363. 제가 모험을 한 번 해보겠습니다.
364. 그것은 전혀 모르겠습니다.
365. 금시초문입니다.
366. 저로서는 그것에 반대하지 않습니다.
367. 쓸만해 보이는데요.
368. 그건 구식입니다.
369. 그것을 한번 시도해보겠다는 겁니다.
370. 저도 모르기는 당신과 마찬가지입니다.
371. 그것이 쓸모 있을 때가 있을 겁니다.
372. 상당히 근접했습니다.
373. 그것에 대해 많이 생각해보지 않았습니다.
374. 받아들이는 것이 유리할 겁니다.
375. 최대한 가능성을 추측해 보세요.
376. 이 문제로 곤경에 처해 있습니다.
377. 지금 무슨 생각을 하고 계십니까?
378. 다음 주까지 연기합시다.
379. 그것은 엉터리였는지도 모릅니다.
380. 그는 유리한 입장에 있습니다.
381. 시간이 지나면 알게 될 겁니다.
382. 시간이 흐르면 알게 될 겁니다.
383. 저는 유리한 입장에 있습니다.
384. 이것은 누워서 떡먹기입니다.
385. 그것은 식은 죽 먹기입니다.
386. 지금 하신 말을 잘 기억했다가 선처하겠습니다.

360. Drive it to the last minute.
드라이브 잍 투 더 라스트 미닡

361. Please let me be alone.
플리즈 렡 미 비 얼론

362. I will show you around.
아이 윌 쇼우 유 어롸운드

363. I will take a chance.
아이 윌 테잌 어 챈스

364. That sounds like Greek to me.
댙 사운즈 라잌 그뤼잌 투 미

365. It's also quite new to me.
잍츠 올쏘 콰잍 뉴 투 미

366. As for me, I have no objection to it.
애즈 포 미, 아이 해브 노 오브젝션 투 잍

367. It looks in good shape.
잍 룩스 인 귿 쉐잎

368. It's out of fashion. / It's out of style.
잍츠 아웉 오브 패션 / 잍츠 아웉 오브 스타일

369. The idea is to try it.
디 아이디어 이즈 투 트롸이 잍

370. Your guess is as good as mine.
유어 게쓰 이즈 애즈 귿 애즈 마인

371. You will find a use for it.
유 윌 파인드 어 유즈 포-맅

372. You're pretty close.
유어 프뤼티 클로즈

373. I've never given it much thought.
아이브 네버 기븐 잍 머치 쏘웉

374. It would be to your advantage to accept.
잍 우드 비 투 유어 어드밴티지 투 억셒트

375. Make the best guess that you can.
메잌 더 베스트 게쓰 댙 유 캔

376. I'm in hot water over this problem.
아임 인 핱 웥어 오버 디쓰 프롸블럼

377. A penny for your thought.
어 페니 포 유어 쏘웉

378. Let's put it off until next week.
렡츠 풑 잍 오프 언틸 넥스트 위잌

379. That could be a gimmick.
댙 쿠드 비 어 기밐

380. He has a place in the sun.
히 해즈 어 플레이스 인 더 썬

381. You will learn it in due course of time.
유 윌 러언 잍 인 듀 코오스 오브 타임

382. Time will tell.
타임 윌 텔

383. I have the right end of the stick.
아이 해브 더 롸잍 앤드 오브 더 스팈

384. This is as easy as ABC.
디쓰 이즈 애즈 이지 애즈 에이비씨

385. That's as easy as pie.
댙츠 애즈 이지 애즈 파이

386. I will take you up on it.
아이 윌 테잌 유 엎 온 잍

387. 충분히 생각해서 내일 말씀드리지요.
388. 저는 빙빙 돌려서 말하지 못합니다.
389. 모두 그럴 만한 가치가 있었습니다.
390. 저는 임기응변으로 할 겁니다.
391. 소문으로 들었습니다.
392. 우리는 같은 배를 탔습니다.
393. 그는 녹초가 되었습니다.
394. 대답하시기 전에 신중히 생각하세요.
395. 이것은 단연 으뜸입니다.
396. 제가 손해를 보상하겠습니다.
397. 그것은 함정 있는 질문이었습니다.
398. 자업자득입니다.
399. 그것이 아직 거기에 있는지 보세요.
400. 그것은 위아래가 바뀌었습니다.
401. 이만하면 당분간은 쓰겠습니다.
402. 보면 볼수록 마음에 듭니다.
403. 일석이조입니다.
404. 저것은 제 것과 똑같습니다.
405. 계산은 계산입니다. / 공과 사를 구별합시다.
406. 얼마든지 좋습니다.
407. 우리는 무슨 일이 있었는지 알고 있습니다.
408. 세상은 그렇게 돌아가기 마련입니다.
409. 그것을 자랑할 만한 충분한 이유가 있습니다.
410. 그것은 생사가 달린 문제입니다.
411. 그녀에게 좋은 생각이 번뜩 떠올랐습니다.
412. 당신은 당신대로 하세요, 저는 저대로 할 겁니다.
413. 그럴만한 가치가 있어야 합니다.

387. I will sleep on it and give you my answer tomorrow.
아이 윌 슬맆 온 잍 앤 기브 유 마이 앤서 투머로우

388. I don't beat around the bush.
아이 돈-비잍 어롸운드 더 부쉬

389. It was all worth it.
잍 워즈 올 워어쓰 잍

390. I will play it by ear.
아이 윌 플레이 잍 바이 이어

391. A little bird told me.
어 맅을 버어드 톨드 미

392. We are in the same boat.
위 아 인 더 쌔임 보우트

393. He is good and tired.
히 이즈 귿 앤 타이어드

394. Think twice before you answer.
띵크 트와이스 비포어 유 앤서

395. This is first rate, and no mistake.
디쓰 이즈 퍼스트 뤠잍, 앤 노 미스테잌

396. I will make good your loss.
아이 윌 메잌 귿 유어 로쓰

397. That was a tricky question.
댙 워즈 어 트뤽키 퀘스쳔

398. He had it coming to him.
히 해드 잍 커밍 투 힘

399. See if it is still there.
씨 이프 잍 이즈 스틸 데어

400. That's upside down.
댙츠 엎사이드 다운

401. It will last me for the time being.
잍 윌 라스트 미 포 더 타임 비잉

402. The more I see of it, the more I like it.
더 모어 아이 씨 오브 잍, 더 모어 아이 라잌 잍

403. You can kill two birds with one stone.
유 캔 킬 투 버즈 윋 원 스톤

404. That's the same as mine.
댙츠 더 쌔임 애즈 마인

405. Business is business.
비즈니쓰 이즈 비즈니쓰

406. The sky is the limit.
더 스카이 이즈 더 리밑

407. We have a lead on what happened.
위 해브 어 리드 온 왙 해픈드

408. That's the way the cookie crumbles.
댙츠 더 웨이 더 쿠키 크뤔블스

409. You have every reason to be proud of it.
유 해브 에브뤼 뤼이즌 투 비 프롸우드 오브 잍

410. It's a matter of life and death.
잍츠 어 맽어 오브 라이프 앤 데쓰

411. A good idea flashed into her mind.
어 귿 아이디어 플래쉬드 인투 허 마인드

412. You go your way and I will go mine.
유 고우 유어 웨이 앤 아이 윌 고우 마인

413. This had better be worth it.
디쓰 해드 벹어 비 워어쓰 잍

414. 그것도 그럴 것입니다.
415. 그것은 대수롭지 않습니다.
416. 굶어죽는 것보다는 낫습니다.
417. 저는 너무 깊이 관여되어 있습니다.
418. 제 경우도 당신 경우 못지않게 중요합니다.
419. 아주 적절한 말을 했습니다.
420. 당신 말이 옳습니다.
421. 좋은 일과 나쁜 일은 항상 같이 오는 법입니다.
422. 우리는 이제 막 시작했을 뿐입니다.
423. 그의 충고는 제 가슴에 사무칩니다.
424. 한 푼의 가치도 없습니다.
425. 한때의 명성이라고 생각합니다.
426. 우리의 사고방식대로 그를 설득할 수 있을 겁니다.

Lesson 9 : 부정적 의견

427. 상관없습니다.
428. 그것이 큰 문제군요.
429. 그거야 사정에 따라 다릅니다.
430. 잘 모르겠습니다.
431. 제가 아는 바가 아닙니다
432. 저는 IT라고는 전혀 아는 바가 없습니다.
433. 저로서는 어쩔 수가 없습니다.
434. 반드시 그렇지는 않습니다.
435. 그래서는 안 됩니다.
436. 당신은 완전히 틀렸습니다.
437. 그것도 역시 효과가 없을 겁니다.
438. 그는 분명히 농담으로 한 말일 것입니다.

414. And with good reason.
앤 윋 귿 뤼이즌

415. It's just a mosquito bite.
잍츠 저스트 어 모스키토 바잍

416. It's better than starving to death.
잍츠 벹어 댄 스타아빙 투 데쓰

417. I'm too much deeply involved.
아임 투 머치 디플리 인벌브드

418. My case is no less important than yours.
마이 케이스 이즈 노 레쓰 임포오턴트 댄 유얼스

419. You said a mouthful.
유 쎄드 어 마우쓰풀

420. You hit it right on the head.
유 힡 잍 롸잍 온 더 헤드

421. You take the good with the bad.
유 테잌 더 귿 윋 더 배드

422. We have just scratched the surface.
위 해브 저스트 스크뤠치트 더 써어페이스

423. His advice hits home for me.
히즈 어드바이스 힡츠 홈 포 미

424. It is not worth a hair.
잍 이즈 낱 워어쓰 어 헤어

425. I think it's just a flash in the pen.
아이 띵크 잍츠 저스트 어 플래쉬 인 더 펜

426. I could bring him around to our way of thinking.
아이 쿠드 브링 힘 어롸운드 투 아우어 웨이 오브 띵킹

Lesson 9 부정적 의견

427. That doesn't matter.
댙 더즌트 맽어

428. That's a big problem.
댙츠 어 빅 프롸블럼

429. That all depends.
댙 올 디펜즈

430. I'm afraid I don't know.
아임 어프뤠이드 아이 돈-노우

431. Not that I know of.
낱 댙 아이 노우 오브

432. I don't know the ABC of IT.
아이 돈-노우 디 에이비씨 오브 아이티

433. I can't help it.
아이 캐앤트 헬프 잍

434. It is not necessarily so.
잍 이즈 낱 네서쎄륄리 쏘

435. You shouldn't do that.
유 슈든트 두 댙

436. You're dead wrong.
유어 데드 뤙

437. That won't do, either.
댙 워운트 두, 이더

438. He must be kidding.
히 머스트 비 키딩

439. 그의 말은 진담일 리가 없습니다.
440. 죄송합니다만, 당신 말을 이해할 수 없습니다.
441. 도무지 감이 잡히질 않습니다.
442. 정말 그럴까요?
443. 아니요, 그렇지 않습니다.
444. 전 당신 말의 요점을 이해하지 못하겠습니다.
445. 하지 않는 것이 좋을것 같습니다.
446. 전 틀림없단 말입니다.
447. 자신 있게 얘기할 수 없습니다.
448. 그 사람이 그럴 리가 없습니다.
449. 저는 그런 것에 개의치 않습니다.
450. 그럴 필요 없습니다.
451. 글쎄요, 그건 아무것도 아닙니다.
452. 기대하지 마세요
453. 자신을 책망하지 마세요.
454. 그것도 마찬가지 일겁니다.
455. 당신에게 감추고 있는 것은 아무것도 없습니다.
456. 그는 못할 것 같습니다.
457. 아직 결정을 못했습니다.
458. 그런 말씀은 하실 필요가 없습니다.
459. 당신은 제게 전혀 방해가 되지 않습니다.
460. 그는 말뿐입니다. 정말 그렇지는 않습니다.
461. 구제불능입니다.
462. 그들의 허가를 받아야 할 것입니다.
463. 오늘 이것을 끝낼 필요는 없습니다.
464. 그건 전혀 별개의 문제입니다.
465. 그건 거짓말일 겁니다.

439. He can't be serious.
히 캐앤트 비 씨어뤼어스

440. I'm sorry, but I'm not with you.
아임 쏘뤼, 벋 아임 낱 윋 유

441. I can't get the hang of it.
아이 캐앤트 겓 더 행 오브 잍

442. I doubt it.
아이 다웉 잍

443. No, it's not that.
노, 잍츠 낱 댙

444. I don't quite understand your point.
아이 돈-콰잍 언더스탠드 유어 포인트

445. I'm afraid I'd better not.
아임 어프뤠이드 아이드 벧어 낱

446. I don't mean maybe.
아이 돈-미인 메이비

447. I can't say for sure.
아이 캐앤트 쎄이 포 슈어

448. I don't believe he feels that way.
아이 돈-빌리이브 히 필즈 댙 웨이

449. I just don't bother with it.
아이 저스트 돈-바더 윋 잍

450. There is no need.
데얼 이즈 노 니이드

451. Well, it's nothing.
웰, 잍츠 나띵

452. Don't get your hopes up.
도운트 겥 유어 홉스 엎

453. Don't blame yourself.
도운트 블래임 유어셀프

454. It won't make any difference.
잍 워운트 메잌 애니 디퍼런스

455. I keep nothing from you.
아이 킾 나띵 프럼 유

456. I don't think he can make it.
아이 돈-띵크 히 캔 메잌 잍

457. I haven't decided yet.
아이 해븐트 디싸이디드 옡

458. You don't have to say that.
유 돈-해브 투 쎄이 댙

459. You aren't in my way at all.
유 아안트 인 마이 웨이 앹 올

460. He's just saying that. He doesn't mean it.
히즈 저스트 쎄잉 댙. 히 더즌트 미인 잍

461. There's no way out.
데얼즈 노 웨이 아웉

462. You will have to ask them for permission.
유 윌 해브 투 에슼 뎀 포 퍼어미션

463. You don't have to finish this today.
유 돈-해브 투 피니쉬 디쓰 투데이

464. That's another pair of shoes.
댙츠 언아더 페어 오브 슈즈

465. I dare say it is a lie.
아이 데어 쎄이 잍 이즈 어 라이

466. 모든 게 예전 같지는 않습니다.
467. 전 당신의 칭찬을 들을 자격이 없어요.
468. 언젠가 당신은 이 일을 후회할 겁니다.
469. 앙갚음을 하는 것은 당연합니다.
470. 돌려주지 않아도 됩니다.
471. 당신은 그저 체면차리기에 급급하군요.
472. 이 일로 그를 원망해서는 안 됩니다.
473. 저는 절대반대입니다.
474. 제 생각에는 당신이 적극적이지 못한 것 같습니다.
475. 그럴 마음이 내키지 않습니다.
476. 별로 내세울게 못됩니다.
477. 저는 그가 거짓말을 하고 있다는 것을 알고 있었습니다.
478. 그건 말썽만 일으킬 것입니다.
479. 당신 경우에는 사실일지 모르나, 제 경우는 아닙니다.
480. 여유를 주면 줄수록 그들은 더 달라고 할 겁니다.
481. 당신 생각에는 동조할 수 없습니다.
482. 그렇게 상심하지 마세요.
483. 책임을 회피하지 마세요.
484. 그 따위에 신경 쓰지 마세요.
485. 당신 권리를 침해할 의도는 없습니다.
486. 제 말은 그게 아니었습니다.
487. 그건 규정 때문입니다.
488. 당신을 비판하는 것이 아닙니다.
489. 그것은 이 문제와는 상관이 없습니다.
490. 그녀는 중상모략을 하고 다니는 사람입니다.
491. 주변에 사람의 눈이 너무 많아서 안 됩니다.

466. Nothing is quite the same.
나띵 이즈 콰잍 더 쌔임

467. I don't deserve your praise.
아이 돈-디저어브 유어 프뤠이즈

468. Someday you'll be sorry for that.
썸데이 유일 비 쏘뤼 포 댙

469. Turn about is fare play.
턴 어바웉 이즈 페어 플레이

470. You don't have to return it.
유 돈-해브 투 뤼턴 잍

471. You're just trying to save your face.
유어 저스트 트롸잉 투 세이브 유어 페이스

472. You shouldn't hold it against him.
유 슈든트 홀드 잍 어게인스트 힘

473. I'm dead set against it.
아임 데드 셑 어게인스트 잍

474. You might not be aggressive enough, I suppose.
유 마이트 낱 비 어그뤠씨브 이너프, 아이 써포우즈

475. I don't feel up to it.
아이 돈-필 엎 투 잍

476. Nothing to write home about.
나띵 투 롸잍 홈 어바웉

477. I knew all along he was lying.
아이 뉴 올 얼롱 히 워즈 라잉

478. It will give you nothing but trouble.
잍 윌 기브 유 나띵 벝 트뤄블

479. That may be true in your case, but not in mine.
댙 메이 비 트루 인 유어 케이스, 벝 낱 인마인

480. If I give them an inch, they will take a mile.
이프 아이 기브 뎀 언 인치, 데이 윌 테잌 어 마일

481. I can't come around to your way of thinking.
아이 캐앤트 컴 어롸운드 투 유어 웨이 오브 띵킹

482. Don't be sick at heart.
도운트 비 씩 앹 하아트

483. Don't shrink the responsibility.
도운트 쉬륑크 더 뤼스판서빌러티

484. Don't let that bother you.
도운트 렡 댙 바더 유

485. I don't intend to infringe on your right.
아이 돈-인텐드 투 인프륀지 온 유어 롸잍

486. I didn't mean that.
아이 디든트 미인 댙

487. That's due to the rule.
댙츠 듀 투 더 룰

488. I wasn't criticizing you.
아이 워즌트 크뤼티사이징 유

489. The fact does not bear on this subject.
더 팩트 더즈 낱 베어 온 디쓰 써브젝트

490. She's a back-stabber.
쉬즈 어 백-스테버

491. There are too many eyes around here.
데얼 아 투 매니 아이즈 어롸운드 히어

492. 싫은 말을 해서 그를 쫓아 보내세요.
493. 공연히 법석을 떠는군요.
494. 무슨 말인지 알겠습니다만, 그래도 찬성할 수 없습니다.
495. 그는 딱 잘라 거절했습니다.

492. Send him away with a bug in his ear.
쌘드 힘 어웨이 윋 어 벅 인 히즈 이어

493. You're just making a fuss.
유어 저스트 메이킹 어 퍼쓰

494. I see your point, but I still can't agree with you.
아이 씨 유어 포인트, 벋 아이 스틸 캐앤트 어그뤼 윋 유

495. He refused point-blank.
히 뤼퓨즈트 포인트-블랭크

Expressions for PT & negotiation
프리젠테이션 & 협상

Basic Expression | 기본적인 표현

496. 오늘 저는 마케팅 계획을 보고하고자 이 자리에 섰습니다.
497. 프리젠테이션을 통해 다섯 가지 새로운 아이디어를 소개하겠습니다.
498. 프리젠테이션의 목적은 신제품 소개입니다.
499. 막대 그래프를 주목해주시기 바랍니다.
500. 이 제품은 저희의 주력 상품입니다.
501. 우리 제품은 미국 시장점유율 30%입니다.
502. 오늘의 첫 번째 의제는 글로벌 브랜드의 중요성입니다.
503. 여러분은 이 제품들이 현재 시장에 있는 최고의 제품이라는 사실을 알게 될 것입니다.
504. 몇 가지로 결론을 내리고자 합니다.
505. 경청해주셔서 감사합니다.

496. I'm here today to present our marketing plan.
아임 히어 투데이 투 프뤼젠트 아우어 마케팅 플랜

497. My presentation will cover five new ideas.
마이 프뤼젠테이션 윌 커버 파이브 뉴 아이디어스

498. The goal for this presentation is to show you our new product.
더 고울 포 디쓰 프뤼젠테이션 이즈 투 쇼우 유 아우어 뉴 프뤄덕트

499. Please direct your attention to this bar chart.
플리즈 다이렉트 유어 어텐션 투 디쓰 바아 차아트

500. This product accounts for most of our sales.
디쓰 프뤄덕트 어카운츠 포 모우스트 오브 아우어 세일즈

501. Our products make up 30 percent of the market in America.
아우어 프뤄덕츠 메잌 엎 써어티 퍼센트 오브 더 마아켙 인 어메뤼카

502. The first issue today is the importance of global brands.
더 퍼어스트 이쓔 투데이 이즈 디 임포어턴스 오브 글로벌 브뤤즈.

503. I think you will find these are the best products on the market today.
아이 띵크 유 윌 파인드 디이즈 아 더 베스트 프뤄덕츠 온 더 마아켓 투데이

504. I'd like to conclude with a few points.
아이드 라잌 투 컨클루드 윋 어 퓨 포인츠

505. Thank you very much for your attention.
땡크 유 베뤼 머치 포 유어 어텐션

506. 참석해 주셔서 감사합니다.
507. 질문 있으십니까?
508. 이제 어떤 질문이라도 기꺼이 답변해드리겠습니다.
509. 여러분의 어떤 질문도 환영합니다.

Lesson 1 : 제품 소개

510. 저희 최신 모델을 소개하겠습니다.
511. 이 제품에 대한 수요가 많습니까?
512. 이 모델의 수요가 놀랍게 증가하고 있습니다.
513. 이 모델은 하노버에서 판매 개시한 당일에 품절되었습니다.
514. 이 제품은 중국에서도 인기가 있으리라 확신합니다.
515. 그 제품의 새로운 기능에 관해 더 알려주시기 바랍니다.
516. 다른 회사 제품들과 비교해서는 어떻습니까?
517. 저희 제품은 다른 어떤 내구성 소비재보다 오래갑니다.
518. 구모델과 신모델의 차이는 무엇입니까?
519. 이 제품이 일본에서도 시장성이 있다고 생각하십니까?
520. 젊은 세대에게 각광받을 수 있을 것입니다.
521. 이 제품의 가장 큰 특징은 무엇입니까?
522. 제품의 반 정도 크기로 쉽게 접을 수 있습니다.
523. 사용하기가 복잡합니까?
524. 사실 사용법은 간단합니다.
525. 제품 소개 브로슈어를 좀 주십시오.
526. 어떻게 우리 제품을 경쟁업체 제품과 차별화시킬 수 있을까요?
527. 우리 제품의 기술이 현재 시장에 있는 제품들보다 훨씬 우수합니다.
528. 경쟁력 있는 제품을 개발하게 되어 너무 기쁩니다.

506. Thanks for being here today.
땡쓰 포 비잉 히어 투데이

507. Do you have any questions?
두 유 해브 애니 퀘스천스

508. I would be happy to answer any questions now.
아이 우드 비 해피 투 앤서 애니 퀘스천스 나우

509. I welcome any questions from the audience.
아이 웰컴 애니 퀘스천스 프럼 디 오디언스

Lesson 1 제품 소개

510. I'd like to introduce our latest model.
아이드 라잌 투 인트뤄듀스 아우어 레이티스트 마들

511. Is there much demand for this product?
이즈 데어 머치 디맨드 포 디쓰 프뤄덕트

512. The demand for this model has been increasing dramatically.
더 디맨드 포 디쓰 마들 해즈 빈 인크뤼이징 드뤄매티컬리

513. This model sold out on the day we started in Hannover.
디쓰 마들 쏠드 아웉 온 더 데이 위 스타아티드 인 하노버

514. I'm very sure it will be popular in China too.
아임 베뤼 슈어 잍 윌 비 파퓰러 인 차이나 투

515. Please let me know more about new functions of the product.
플리즈 렡 미 노우 모어 어바웉 뉴 펑션스 오브 더 프뤄덕트

516. How does it compared with the other companies?
하우 더즈 잍 컴페얼드 윋 디 아더 컴퍼니즈

517. Our products last longer than any other durable goods.
아우어 프뤄덕츠 라아스트 롱거 댄 애니 아더 듀어러블 귿스

518. What's the difference between the old model and the new one?
왙츠 더 디퍼뤈스 빝윈 디 올드 마들 앤 더 뉴 원

519. Do you think there is a market for this in Japan?
두 유 띵크 데얼 이즈 어 마아켙 포 디쓰 인 재팬

520. This would appeal to the young generation.
디쓰 우드 어피얼 투 더 영 제너뤠이션

521. What's the biggest feature of this product?
왙츠 더 비기스트 피이쳐 오브 디쓰 프뤄덕트

522. It can be easily folded into space about half its size.
잍 캔 비 이질리 폴디드 인투 스페이스 아바웃 해프 잍츠 사이즈

523. Is that complicated to use?
이즈 댙 컴플리케이티드 투 유즈

524. It's very easy to use actually.
잍츠 베뤼 이지 투 유즈 액츄얼리

525. I'd like to get some brochures.
아이드 라잌 투 겥 썸 브뤄슈어스

526. How will we differentiate our product from our competitor?
하우 윌 위 디퍼뤈쉬에잍 아우어 프뤄덕트 프럼 아우어 컴피티터

527. Our product's technology is more advanced than that's on the market now.
아우어 프뤄덕츠 테크널러지 이즈 모어 어드밴스트 댄 댙츠 온 더 마아켙 나우

528. I'm so glad we've developed a product with a competitive advantage.
아임 쏘 글래드 위브 디벨롭트 어 프뤄덕트 윋 어 컴패터티브 어드밴티지

529. 목표로 하는 시장의 요구를 충족해야 할 것입니다.
530. 가격 구조를 결정할 때 마진을 고려해야 합니다.
531. 경쟁사에 비해 우리 가격은 어떻습니까?
532. 경쟁사에 비해 가격이 더 낮은가요?
533. 어떤 판촉 채널을 검토하고 있습니까?
534. TV 광고와 지면광고, 영화 소품 협찬 등을 고려하고 있습니다.
535. 인터넷 광고 캠페인 만드는 것 잊지 마십시오.
536. 백화점 매장 개설을 고려해야 한다고 봅니다.

Lesson 2 : 고객 방문

537. 지금 특별 가격을 제시하고 있습니다.
538. 당신에게 꼭 필요한 제품이 있습니다.
539. 당신이 관심을 가질만한 특별 판촉안을 제안합니다.
540. 우리의 제품은 귀사에 도움을 줄 것입니다.
541. 더 주문하시겠습니까?
542. 당신에게 제품 설명을 해드리고 싶습니다.
543. 이번 주 언제쯤 시간이 있습니까?
544. 사무실로 찾아 뵙고 새로운 제품을 소개해드릴 수도 있습니다.
545. 새로운 판촉안이 좋은 것 같네요.
546. 제품 설명용 브로슈어가 있나요?
547. 당신이 제공하는 제품을 보고싶습니다.
548. 당신 회사 제품에 만족해서 좀 더 구입하고자 합니다.
549. 언제든 제 사무실에 오셔서 설명해 주십시오.
550. 당신 회사 제품은 우리에게 어떤 장점이 있습니까?
551. 다른 공급업체와 계약하는 것을 고려중입니다.

529. Our product should meet the needs of our target market.
아우어 프뤄덕트 슈드 밑 더 니이즈 오브 아우어 타아겥 마아켙

530. We should consider our profit margin when setting our price structure.
위 슈드 컨시더 아우어 프롸핕 마아진 웬 세팅 아우어 프롸이스 스트뤅쳐

531. How's our price compared to our competitors?
하우즈 아우어 프롸이스 컴페얼드 투 아우어 컴패티터스

532. Are we undercutting our competitors?
아 위 언더커팅 아우어 컴패티터스

533. Which promotional channels are you considering?
위치 프뤄모우셔널 채널스 아 유 컨시더륑

534. We are considering TV spots, print ads, and product placement in movies.
위 아 컨시더륑 TV 스팥츠, 프륀트 애즈, 앤 프뤄덕트 플레이스먼트 인 무비이즈

535. Don't forget to incorporate an internet ad campaign.
도운트 포겥 투 인커어퍼뤠잍 언 인터넷 애드 캠페인

536. We should consider setting up counters in department stores.
위 슈드 컨시더 세팅 엎 카운터어스 인 디파아트먼트 스토얼스

Lesson 2 고객 방문

537. We're offering a special deal right now.
위어 오퍼륑 어 스페셜 디일 롸잍 나우

538. We have something I'm sure you could need.
위 해브 썸띵 아임 슈어 유 쿠드 니이드

539. We're offering a special promotion you'd be interested in.
위어 오퍼륑 어 스페셜 프뤄모우션 유드 비 인터뤠스티드 인

540. Your business will benefit from our product.
유어 비즈니스 윌 베네핕 프럼 아우어 프뤄덕트

541. Would you be interested in ordering more?
우드 유 비 인터뤠스티드 인 오더륑 모어

542. I would like to give you a product demonstration.
아이 우드 라잌 투 기브 유 어 프뤄덕트 데몬스트뤠이션

543. Are you available sometime this week?
아 유 어베일러블 썸타임 디쓰 위잌

544. I could come by your office and give you a presentation on our new product.
아이 쿠드 컴 바이 유어 오피스 앤 기브 유 어 프뤼젠테이션 온 아우어 뉴 프뤄덕트

545. That new promotion sounds good.
댙 뉴 프뤄모우션 사운즈 귿

546. Do you have a brochure?
두 유 해브 어 브뤄슈어

547. I'd like to take a look at the products you offer.
아이드 라잌 투 테잌 어 룩 앹 더 프뤄덕츠 유 오퍼

548. I'm pretty happy with your products and would like to buy some more.
아임 프뤼티 해피 윋 유어 프뤄덕츠 앤 우드 라잌 투 바이 썸 모어

549. Come by my office anytime and give me a demonstration.
컴 바이 마이 오피스 애니타임 앤 기브 미 어 데몬스트뤠이션

550. What benefits would we get from your product?
왙 베네핕츠 우드 위 겥 프럼 유어 프뤄덕트

551. We're considering signing a contract with another supplier.
위어 컨시더륑 사이닝 어 컨트렉트 윋 어나더 써플라이어

552. 새로운 제품들이 좋기는 한데 제시한 가격은 수용하기가 힘드네요.

Lesson 3 : 가격 협상

553. 가격은 어느 정도를 원하십니까?
554. 가격을 조정할 수 있을 것 같습니다.
555. 개당 150불에 드릴 수 있습니다.
556. 가격을 좀 더 낮출 수 있습니까?
557. 전 120불 정도 생각하고 있었습니다.
558. 그것은 받아들이기 어렵습니다.
559. 예상했던 것보다 많이 비쌉니다.
560. 저희는 최선을 다한 것입니다.
561. 서로 절충하는 것이 좋겠습니다.
562. 가격 절충의 여지가 있습니까?
563. 주문을 두 배로 늘려서 500개를 주문하면, 가격을 낮출 수 있습니까?
564. 곤란합니다. 그 가격으로는 저희에게 남는 게 없습니다.
565. 1,000세트를 단가 50달러에 공급할 수 있습니다.
566. 30% 가격 인하는 저희의 수익이 너무 줄어듭니다.
567. 이미 견적서에서 20%나 가격을 내렸습니다.
568. 가격을 20%나 내리시면 저희에게 수익은 없습니다.
569. 지금 당장 계약을 하시면 15%를 할인해 드릴 수 있습니다.
570. 좀 더 나은 조건을 기대했었습니다.
571. 주문량을 늘릴 수 있겠습니까?
572. 죄송합니다만, 1000개가 최소 주문수량입니다.
573. 이게 제가 제시할 수 있는 최저 가격입니다.
574. 이 문제는 제 상사에게 먼저 얘기해봐야 합니다.

552. Your new products sounds good but your prices are unacceptable.
유어 뉴 프뤄덕츠 사운즈 근 벋 유어 프롸이시즈 아 언억셒터블

Lesson 3 ⁞ 가격 협상

553. How much are you willing to pay for it?
하우 머치 아 유 윌링 투 페이 포-릳

554. I think we can reduce the price.
아이 띵크 위 캔 뤼듀스 더 프롸이스

555. I could let you have them $150 apiece.
아이 쿠드 렡 유 해브 뎀 원 헌드뤠드 피프티 달러스 어피이스

556. Can you bring the price down a little more?
캔 유 브륑 더 프롸이스 다운 어 릴을 모어

557. I was thinking of $120 per unit.
아이 워즈 띵킹 오브 헌드뤠드 트웬티 달러스 퍼어 유닡

558. I'm afraid that is not acceptatble.
아임 어프뤠이드 댙 이즈 낱 억셒터블

559. It's more expensive than I expected.
잍츠 모어 익스펜시브 댄 아이 익스펙티드

560. It's the best we can do.
잍츠 더 베스트 위 캔 두

561. I think we should try for middle ground.
아이 띵크 위 슈드 트롸이 포 미들 그롸운드

562. Do we have room for further negotiation?
두 위 해브 룸 포 퍼어더 니고쉬에이션

563. If I double the order to 500, could you lower the price?
이프 아이 더블 디 오더 투 파이브 헌드뤠드, 쿠드 유 로우워 더 프롸이스

564. I'm sorry. That price doesn't give us any profit margin.
아임 쏘뤼. 댙 프롸이스 더즌트 기브 어스 애니 프롸핕 마아진

565. We can offer you one thousand units at fifty dollars each.
위 캔 오퍼 유 원 싸우전드 유닡츠 앹 피프티 달러스 이치

566. A thirty percent discount would slash our profit margin.
어 써어티 퍼센트 디스카운드 우드 슬래쉬 아우어 프롸핕 마아진

567. I have already lowered the quotation by twenty percent.
아이 해브 올뤠디 로우워어드 더 쿼우테이션 바이 트웬티 퍼센트

568. It's not profitable for me to lower my quotation by twenty percent.
잍츠 낱 프롸피터블 포 미 투 로우워 마이 쿼우테이션 바이 트웬트 퍼센트

569. If you sign a contract right now, I can give you 15% off per unit.
이프 유 사인 어 컨트뤡트 롸잍 나우, 아이 캔 기브 유 피프틴 퍼센트 오프 퍼어 유닡

570. I was hoping for something better than that.
아이 워즈 호핑 포 썸띵 벹어 댄 댙

571. Do you think you can increase the quantity of your order?
두 유 띵크 유 캔 인크뤼이즈 더 콴터티 오브 유어 오더

572. Sorry, but 1000 is the absolute minimum order.
쏘뤼, 벝 원 싸우전드 이즈 디 앱솔루트 미니멈 오더

573. This is my rock bottom price.
디쓰 이즈 마이 롹 바텀 프롸이스

574. I have to talk to my boss about it first.
아이 해브 투 톡 투 마이 보쓰 어바웉 잍 퍼어스트

575. 귀사의 지불 방침에 대해 말해주시겠습니까?
576. 배달 전에 전체 금액을 입금해주셔야 합니다.
577. 저희 정책은 배달 전 선입금입니다.
578. 결정을 내리기 전에 생각할 시간이 필요합니다.
579. 이달 말까지 첫 번째 주문을 납품해주셨으면 합니다.
580. 납품 날짜를 조정해주시면 저희도 타협할 수 있습니다.
581. 앞으로 1년간 고정적으로 주문할 수 있습니다.
582. 제공하신 가격으로는 이익을 낼 수 없습니다.
583. 받아들일 수 있는 지불 조건들을 알고 싶습니다.
584. 한화로 견적을 내주시겠습니까?
585. 다른 업체들과 비교하면, 당신의 가격은 너무 높아 보입니다.

Lesson 4 : 계약 체결

586. 이 계약서는 양사가 합의한 내용을 토대로 작성되었습니다.
587. 이 조항과 거래 조건에 동의하십니까?
588. 발생가능한 모든 상황을 고려했습니다.
589. 4번째 항목을 재고하고 싶습니다.
590. 그녀는 서비스 관련 조항에 몇 가지 문제점을 지적했습니다.
591. 귀사가 요구하신 대로 수정했습니다.
592. 계약서에 빠진 내용이 있습니까?
593. 모든 것이 다 순조롭습니다.
594. 이제 서명하는 일만 남았습니다.
595. 당신 회사와 협상하는 것은 정말 어려웠습니다.
596. 양측 모두가 조금씩 양보했습니다.
597. 함께 일하게 되어 즐거웠습니다.

575. Could you tell me your company's policy on payment?
쿠드 유 텔 미 유어 컴퍼니스 팔러시 온 페이먼트

576. We would require payment in full prior to delivery.
위 우드 뤼콰이어 페이먼트 인 풀 프롸이어 투 딜리버뤼

577. Our policy is advanced payment before delivery.
아우어 팔러시 이즈 어드밴스트 페이먼트 비포어 딜리버뤼

578. I'd like to think about this before I make a decision.
아이드 라잌 투 띵크 어바웉 디쓰 비포어 아이 메잌 어 디씨젼

579. We hope you can deliver the first order by the end of the month.
위 홒 유 캔 딜리버 더 퍼어스트 오더 바이 디 앤드 오브 디쓰 먼쓰

580. Perhaps we could compromise if you improved the delivery date.
퍼어햎스 위 쿠드 컴프뤄마이즈 이프 유 임프루우브 더 딜리버뤼 데잍

581. We can commit to placing orders for twelve months.
위 캔 컴밑 투 플레이싱 오덜스 포 트웰브 먼쓰

582. I don't think we can make a profit with the price you offered.
아이 돈-띵크 위 캔 메잌 어 프롸핕 윋 더 프롸이스 유 오퍼어드

583. I'd like to know what payment terms you'd accept.
아이드 라잌 투 노우 왇 페이먼트 터엄스 유드 억셒트

584. Can you quote that in Korean won?
캔 유 쿼어트 댇 인 코리언 원

585. Compared to other suppliers, your price seems too high.
컴페얼드 투 아더 써플라이얼스, 유어 프롸이스 씸즈 투 하이

Lesson 4 ⁝ 계약 체결

586. This contract is based on what both parties agreed.
디쓰 컨트뤸트 이즈 베이스트 온 왇 보쓰 파아티이즈 어그뤼이드

587. Do you agree with the terms and conditions?
두 유 어그뤼 윋 더 텀엄스 앤 컨디션스

588. I've covered all of the things that might possible happen.
아이브 커어벌드 올 오브 더 띵스 댇 마잍 파써블 해픈

589. I'd like to negotiate item 4 again.
아이드 라잌 투 니고쉬에잍 아이템 포어 어게인

590. She has a few issues with the service level agreement.
쉬 해즈 어 퓨우 이슈우즈 윋 더 써어비스 레벨 어그뤼먼트

591. We made the changes you asked for.
위 메이드 더 체인지스 유 에슼트 포

592. Did we leave something out of the contract?
디드 위 리이브 썸띵 아웉 오브 더 컨트뤸트

593. Everything is in order here.
에브뤼띵 이즈 인 오더 히어

594. All we've got to do is sign on the dotted line.
올 위브 같 투 두 이즈 싸인 온 더 다티드 라인

595. It was an extremely tough negotiation with your company.
잍 워즈 언 익스트륌리 터프 니고쉬에이션 윋 유어 컴퍼니

596. Both sides compromised a bit.
보쓰 사이즈 컴프뤄마이즈드 어 빝

597. It's been pleasure doing business with you.
잍츠 비인 플뤠쥬어 두잉 비즈니스 윋 유

598. 이 거래가 원만하게 성사될 거라고 확신하지 못했습니다.

599. 양사 모두에 성공적인 거래였다고 생각합니다.

600. 유감스럽게도 합의에 이르지 못할 것 같습니다.

601. 내일 계약서 사본이 특급 우편으로 도착할 것입니다.

602. 기다리고 있다가 그것을 받겠습니다.

Lesson 5 : 주문 및 운송

603. 귀사 제품을 주문하고자 합니다.

604. 추가 주문을 하고자 합니다.

605. 주문을 변경하고자 합니다.

606. 얼마나 주문하고 싶으십니까?

607. 우선 500대로 시작하고 싶습니다.

608. 그 모델의 재고가 충분히 남아 있습니까?

609. 저희 모든 제품은 재고가 있습니다.

610. 그 모델은 더 이상 생산하지 않습니다.

611. 죄송합니다만, 현재 재고가 없습니다.

612. 제품 운송은 주문을 받은 후 한달 반이 걸립니다.

613. 10월 1일에 발송될 예정입니다.

614. 11월 10일에 밴쿠버에 도착할 예정입니다.

615. 도착 후 세관을 통과해야 합니다.

616. 발송하신 제품에 하자가 있습니다.

617.6주문량보다 수량이 100개 부족합니다.

18. 배상 청구서를 보내겠습니다.

619. 주문한 제품이 운송 중에 손상되었습니다.

620. 약정대로 무상으로 교환해드리겠습니다.

598. I wasn't sure this deal would ever be consummated.
아이 워즌트 슈어 디쓰 디일 우드 에버 비 칸서메이티드

599. I think that we've both made a good deal.
아이 띵크 댈 위브 보쓰 메이드 어 긑 디일

600. I'm afraid that we'll not be able to make a deal.
아임 어프뤠이드 댈 위일 낱 비 에이블 투 메잌 어 디일

601. You will receive a copy of the contract through the courier tomorrow.
유 윌 뤼씨이브 어 카피 오브 더 컨트뢕트 쓰루 더 쿠뤼어 투머로우

602. We'll be looking forward to receiving it.
위일 비 루킹 포워어드 투 뤼씨이빙 잍

Lesson 5 주문 및 운송

603. I'd like to order your product.
아이드 라잌 투 오더 유어 프뤄덕트

604. I'd like to make an additional order.
아이드 라잌 투 메잌 언 애디셔널 오더

605. I'd like to change my order.
아이드 라잌 투 체인지 마이 오더

606. How many units do you have in mind?
하우 매니 유닡츠 두 유 해브 인 마인드

607. I'd like to start off with 500 units.
아이드 라잌 투 스타아트 오프 윈 파이브 헌드뤠드 유닡츠

608. Do you have that model enough in stock?
두 유 해브 댙 마들 이너프 인 스탁

609. All of our goods are in stock.
올 오브 아우어 귿스 아 인 스탁

610. We don't produce that model anymore.
위 도우트 프뤄듀스 댙 마들 애니모어

611. I'm sorry, but we're out of stock now.
아임 쏘뤼, 벝 위아 아웉 오브 스탁 나우

612. Delivery takes a month and a half after we receive your order.
딜리버뤼 테잌스 어 먼쓰 앤 어 해프 애프터 위 뤼씨이브 유어 오더

613. They're scheduled to be sent on the 1st of October.
데이어 스케쥴드 투 비 쌘트 온 더 퍼어스트 오브 옥토버

614. They're due to arrive in Vancouver on the 10th of November.
데이어 듀우 투 어롸이브 인 뱅쿠버 온 더 텐쓰 오브 노벰버

615. It has to clear customs after arrival.
잍 해즈 투 클리어 커스텀즈 애프터 어롸이벌

616. The goods you sent us are defective.
더 귿스 유 쌘트 어스 아 디펙티브

617. We've got 100 units short of our orders.
위브 같 원 핸드뤠드 유잍츠 쇼오트 오브 아우어 오덜스

618. We'll send you our claim note.
위일 쌘드 유 아우어 클레임 노웉

619. The ordered items were damaged on delivery.
디 오덜드 아이템스 워 데미지드 온 딜러버뤼

620. As per our agreement, we'll replace them at no cost to you.
애즈 퍼어 아우러 어그뤼먼트, 위일 뤼플레이스 뎀 앹 노우 코스트 투 유

Lesson 6 : 고객 접대

621. 안녕하세요, 켈빈씨 되시죠?
622. 그냥 스티브라고 불러 주세요.
623. 제너럴 일렉트로닉스의 존스씨 되시죠?
624. 당신이 디지털 테크의 그린씨군요.
625. 방문해 주셔서 대단히 감사합니다.
626. 오래 기다리지는 않으셨는지 모르겠습니다.
627. 여행은 즐거우셨나요?
628. 가방을 들어드리겠습니다.
629. 미국에서 작은 선물을 가져왔습니다.
630. 여기서 호텔까지 한 시간 정도 걸릴 겁니다.
631. 한국에는 처음이십니까?
632. 내일 일정을 말씀드리겠습니다.
633. 저희 제품 대부분을 생산하는 공장을 보여드리겠습니다.
634. 여기가 영업부입니다.
635. 영업부 직원은 몇 명인가요?
636. 이분은 영업부장 제임스 포터씨입니다.
637. 사무실로 돌아가시죠.
638. 하루 정도는 관광을 하려 합니다.
639. 내일 모시러 오겠습니다. 푹 쉬십시오.
640. 머무시는 동안 즐거운 시간 보내셨길 바랍니다.
641. 환대에 감사드립니다.
642. 당신과의 비즈니스는 매우 좋았습니다.
643. 저희도 마찬가지입니다. 매우 생산적인 여행이었습니다.
644. 안전한 여행 되세요.
645. 여러 모로 감사드립니다.

Lesson 6 | 고객 접대

621. Hi, Are you Mr. Calvin?
하이, 아유 미스터 캘빈

622. Just call me Steve.
저스트 컬 미 스티브

623. Are you Mr. Johns from General Electronics.
아 유 미스터 존스 프럼 제너럴 일렉트뤄닉스

624. You must be Mr. Green from Digital Tech.
유 머스트 비 미스터 그륀 프럼 디지틀텍

625. It's very nice of you to come over.
잍츠 베뤼 나이스 오브 유 투 컴 오버

626. I hope you haven't been waiting so long.
아이 홉 유 해븐트 비인 웨이팅 쏘 롱

627. How was your trip?
하우 워즈 유어 트륖

628. Let me help you with your bag.
렡 미 핼프 유 윋 유어 백

629. I bought you a little something from America.
아이 보웉 유 어 맅을 썸딩 프럼 어메뤼카

630. It will take about an hour to the hotel from here.
잍 윌 테잌 어바웉 언 아우어 투 더 호텔 프럼 히어

631. Is this your first trip to Korea?
이즈 디쓰 유어 퍼어스트 트륖 투 코리아

632. I will tell you the schedule for tomorrow.
아이 윌 텔 유 더 스케쥴 포 투머로우

633. Let me show you around the plant where most of our products are made.
렡 미 쇼우 유 어롸운드 더 플랜트 웨어 모우스트 오브 아우어 프뤄덕츠 아 메이드

634. Here we have the sales department.
히어 위 해브 더 세일즈 디파아트먼트

635. How many people do you have working in the sales department?
하우 매니 피플 두 유 해브 워어킹 인 더 세일즈 디파아트먼트

636. This is James Porter, our sales director.
디쓰 이즈 제임스 포어터, 아우어 세일즈 디렉터

637. Let's go back to the office.
렡츠 고우 백 투 디 오피스

638. I was hoping to have a day for sightseeing.
아이 워즈 호핑 투 해브 어 데이 포 사잍씨잉

639. I'll come here to pick you up tomorrow. Take a good rest.
아일 컴 히어 투 핔 유 엎 투머로우. 테잌 어 귿 뤠스트

640. I hope you enjoyed your stay.
아이 홒 유 인조이드 유어 스테이

641. Thank you for your hospitality.
땡크 유 포 유어 하스피텔러티.

642. It was great doing business with you.
잍 워즈 그뤠잍 두잉 비즈니스 윋 유

643. For us, too. It was a very productive trip.
포-러스, 투. 잍 워즈 어 베뤼 프뤄덕티브 트륖

644. Have a safe flight home.
해브 어 세잎 플라잍 홈

645. Thank you for everything.
땡크 유 포 에브뤼띵

Part 03
해외 출장

Overseas Business Trip

Reservation & Airport

예약 및 공항, 기내에서

Lesson 1 : 항공권 예약

1. 예약을 하고자 합니다.
2. 시카고행 비행기 좌석을 예약하고자 합니다.
3. 인천에서 뉴욕으로 가는 비행기를 예약하고자 합니다.
4. 10월 15일에 프랑크푸르트로 가는 비행기 좌석이 있습니까?
5. 몇 좌석이 남았습니다.
6. 죄송합니다. 좌석이 모두 예약됐습니다.
7. 대기자 명단에 이름을 올려주십시오.
8. 다음 비행기는 언제입니까?
9. 왕복 티켓을 원하십니까?
10. 왕복 티켓이 필요합니다.
11. 편도로 부탁합니다.
12. 언제 출발하십니까?
13. 5월 3일에 출발할 예정입니다.
14. 언제 돌아보시겠습니까?
15. 5월 7일에 돌아올 예정입니다.
16. 그 비행기는 경유하나요, 아니면 직항인가요?
17. 방콕에서 한 시간을 기다려 갈아타야합니다.
18. 저녁 기내식이 제공됩니까?
19. 비즈니스석으로 하시겠습니까, 이코노미석으로 하시겠습니까?

Lesson 2 : 호텔 예약

20. 예약 데스크 좀 부탁드립니다.
21. 예약을 하고자 합니다.
22. 5월 2일부터 5일까지 2박 3일 묵을 겁니다.

Lesson 1 항공권 예약

1. I'd like to make a reservation.
   아이드 라잌 투 메잌 어 뤠저베이션
2. I'd like to reserve a seat for a flight to Chicago.
   아이드 라잌 투 뤼저어브 어 씨잍 포-러 플라잍 투 시카고
3. I want to book a flight from Incheon to New York.
   아이 원-투 북 어 플라잍 프럼 인천 투 뉴오옥
4. Is there a flight to Frankfurt on the 15th of October?
   이즈 데어-러 플라잍 투 프랑크푸르트 온 더 피프틴쓰 오브 옥토버
5. We have several seats available.
   위 해브 써버럴 시잍츠 어베일러블
6. I'm sorry. The seats are all booked up.
   아임 쏘뤼. 더 씨잍츠 아 올 북트 업

7. Please put my name on the waiting list.
플리즈 풑 마이 네임 온 더 웨이팅 리스트

8. What's the next flight?
왙츠 더 넥스트 플라잍

9. Do you want a round ticket?
두 유 원-어 롸운드 티켙

10. I also need a return ticket.
아이 올쏘 니이드 어 뤼턴 티켙

11. Just one way, please.
저스트 원 웨이, 플리즈

12. When would you like to leave?
웬 우드 유 라잌 투 리이브

13. I'm planning to leave on the third of May.
아임 플래닝 투 리이브 온 더 써어드 오브 메이

14. When would you like to come back?
웬 우드 유 라잌 투 컴 백

15. I'll be back on the 7th of May.
아일 비 백 온 더 세븐쓰 오브 메이

16. Is that flight a stopover or non-stop?
이즈 댙 플라잍 어 스탚오버 오어 넌스탚

17. There's an hour lay-over in Bangkok.
데얼즈 언 아우어 레이오버 인 방콬

18. Is that a dinner flight?
이즈 댙 어 디너 플라잍

19. Do you want business class or economy?
두 유 원트 비즈니스 클래쓰 오어 이커너미

Lesson 2 ⋮ 호텔 예약

20. Please give me the reservation desk.
플리즈 기브 미 더 뤠저베이션 데스크

21. I'd like to make a reservation, please.
아이드 라잌 투 메잌 어 뤠저베이션, 플리즈

22. I'll stay for two nights, from the 2nd to the 5th of May.
아일 스테이 포 투 나잍츠 프럼 더 세컨드 투 더 핖쓰 오브 메이

23. 욕실 딸린 싱글룸을 예약하려고 합니다.
24. 오늘 밤 싱글룸을 쓸 수 있는지 알고 싶습니다.
25. 얼마나 속히 예약을 해야 할까요?
26. 방 있습니까?
27. 빈 방 있습니까?
28. 죄송합니다만, 빈방이 없습니다.
29. 요금이 얼마입니까?
30. 숙박료에 대해 알고 싶습니다.
31. 좀 더 싼 방은 없습니까?
32. 더 싼 방이 있는지 알아봐 주세요.
33. 얼마나 머무를 예정입니까?
34. 여기서 2주일이나 그 이상 묵을 예정입니다.
35. 이틀 밤 머무를 예정입니다.
36. 베이징 전망이 좋은 방이 있습니다.
37. 트윈 룸이면 좋겠습니다.
38. 예약이 되었는지 확인하고 싶습니다.
39. 우리가 예약하기를 잘한 것 같습니다.

Lesson 3 : 예약 변경 및 취소

40. 예약을 변경하고자 합니다.
41. 예약을 취소하고자 합니다.
42. 다음 주 화요일 예약을 변경하고자 합니다.
43. 7월 15일자 예약을 취소하고자 합니다.
44. 환불을 받을 수 있을까요?

Lesson 4 : 공항, 세관에서

45. 대한항공 카운터가 어디에 있습니까?

23. I'd like a single room with a both.
    아이드 라잌 어 싱글 룸 윋 어 베쓰.
24. I'd like to know if a single room is available for tonight.
    아이드 라잌 투 노우 이프 어 싱글 룸 이즈 어베일러블 포 투나잍
25. How soon should I make a reservation?
    하우 쑨 슈드 아이 메잌 어 뤠저베이션
26. Do you have a room?
    두 유 해브 어 룸
27. Don't you have any vacant rooms?
    돈트 유 해브 애니 베이컨트 룸스
28. I'm sorry, there is no vacancy.
    아임 소뤼, 데어 이즈 노우 베이컨씨
29. What's the rate?
    왙츠 더 뤠잍
30. I'd like to know the rate.
    아이드 라잌 투 노우 더 뤠잍
31. Don't you have any cheaper rooms?
    돈트 유 해브 애니 치퍼 룸스

32. I wonder if you have anything less expensive.
아이 원더 이프 유 해브 애니띵 레쓰 익스펜시브

33. How long are you staying?
하우 롱 아 유 스테잉

34. I am planning to stay here for two weeks, or maybe longer.
아이 엠 플래닝 투 스테이 히어 포 투 위잍스, 오어 메이비 롱거

35. I'm staying two nights.
아임 스테잉 투 나잍츠

36. We have a room commanding a good view of Beijing.
위 해브 어 룸 컴맨딩 어 긑 뷰우 오브 베이징

37. A twin room is fine with me.
어 트윈 룸 이즈 파인 윋 미

38. I'd like to confirm my reservation.
아이드 라잌 투 컨퍼엄 마이 뤠저베이션

39. It's a good thing we made reservations.
잍츠 어 긑 띵 위 메이드 뤠저베이션스

Lesson 3 ⋮ 예약 변경 및 취소

40. I'd like to change my reservation.
아이드 라잌 투 체인지 마이 뤠저베이션

41. I'd like to cancel my reservation.
아이드 라잌 투 캔썰 마이 뤠저베이션

42. I'd like to change my reservation for next Tuesday.
아이드 라잌 투 체인지 마이 뤠저베이션 포 넥스트 튜스데이

43. I'd like to chancel my reservation for the 15th of July.
아이드 라잌 투 캔썰 마이 뤠저베이션 포 더 핖쓰 오브 줄라이

44. Is it possible to get a refund?
이즈 잍 파써블 투 겥 어 뤼펀드

Lesson 4 ⋮ 공항, 세관에서

45. Could you tell me where the Korean Air counter?
쿠드 유 텔 미 웨어 더 코리언 에어 카운터

46. 뉴욕행 337편으로 예약되어 있습니다.
47. 창가쪽 좌석을 원하십니까, 복도쪽을 원하십니까?
48. 탑승 시간이 언제입니까?
49. 출발 30분전에 32번 게이트로 가셔야 합니다.
50. 9번 게이트에서 7시반에 탑승하실 수 있습니다.
51. 탑승할 때 부칠 가방이 몇 개입니까?
52. 가방 두 개는 부치고, 한 개는 가지고 탑승할 겁니다.
53. 이 가방은 들고 들어갈 겁니다.
54. 티켓과 여권을 보여주시겠습니까?
55. 금속 탐지기를 통과해주십시오.
56. 가방을 벨트 위에 올려 주십시오.
57. 가방을 열어주시겠습니까?
58. 어디에서 세관검사를 하지요?
59. 신고할 물건이 있습니까?
60. 아니요, 이 카메라는 개인용도입니다.
61. 주류나 담배를 소지하고 계십니까?
62. 그런 것은 가지고 있지 않습니다.
63. 세관 신고서를 보여주시겠습니까?
64. 죄송합니다만, 세관신고서를 잃어버렸습니다.
65. 어디에서 출발하셨습니까?
66. 이번 여행의 목적은 무엇입니까?
67. 출장차 왔습니다.
68. 얼마나 머무를 예정입니까?
69. 3일 정도 머무를 예정입니다. 귀국 비행기는 일요일입니다.
70. 어디에서 머무를 예정입니까?
71. 홀리데이 인 호텔에 예약해 두었습니다.

46. I'm on flight 337 to New York.
아임 온 플라잍 쓰뤼 쓰뤼 쎄븐 투 뉴요옥

47. Would you like a window seat or an aisle seat?
우드 유 라잌 어 윈도우 씨잍 오어-런 아일 씨잍

48. When is the boarding time?
웬 이즈 더 보오딩 타임

49. You need to be at gate 32 thirty minutes before departure time.
유 니드 투 비 앹 게이트 써어티 투 미닡츠 비포어 디파츄어 타임

50. You can board at gate nine at seven-thrity.
유 캔 보오드 앹 게이트 나인 앹 쎄븐-써어티

51. How many bags will you be checking in?
하우 매니 백스 윌 유 비 체킹 인

52. I have two check-in bags and one carry-on bags.
아이 해브 투 첵-인 백스 앤 원 캐뤼-온 백스

53. I'll carry this bag on board with me.
아일 캐뤼 디쓰 백 온 보오드 윋 미

54. May I have your ticket and passport, please?
메이 아이 해브 유어 티켙 앤 패쓰포오트, 플리즈

55. Walk through the metal detector, please.
웕 쓰루 더 메탈 디텍터, 플리즈

56. Put your bag on the belt, please.
픁 유어 백 온 더 벨트, 플리즈

57. Could you open your bag, please?
쿠드 유 오픈 유어 백, 플리즈

58. Where do I go through customs inspection?
웨어 두 아이 고우 쓰루 커스텀즈 인스펙션

59. Do you have anything to declare?
두 유 해브 애니띵 투 디클레어

60. No, this camera is for my own personal use.
노우, 디쓰 캐머뤄 이지 포 마이 오운 퍼스널 유즈.

61. Do you have any alcohol or cigarettes?
두 유 해브 애니 앨코홀 오어 시가뤨츠

62. I don't have anything like that.
아이 도운트 해브 애니띵 라잌 댙

63. May I see your declaration slip, please?
메이 아이 씨 유어 디클러뤠이션 슬맆, 플리즈

64. I'm sorry, but I've lost my customs declaration form.
아임 쏘뤼, 벋 아이브 로스트 마이 커스텀즈 데클러뤠이션 포옴

65. Where did you depart from?
웨어 디드 유 디파아트 프럼

66. What is the purpose of your trip?
왙 이즈 더 퍼어포우즈 오브 유어 트륖

67. I'm here on business.
아임 히어 온 비즈니스

68. How long are you planning to stay?
하우 롱 아 유 플래닝 투 스테이

69. About three days. My return flight is Sunday.
어바웉 쓰뤼 데이즈. 마이 뤼턴 플라잍 이즈 썬데이

70. Where are you staying?
웨어 아 유 스테잉

71. I have reservations at the Holiday Inn.
아이 해브 뤠저베이션스 앨 더 홀리데이 인

Lesson 5 : 기내에서

72. 25F 자리 좀 찾아주시겠습니까?
73. 일행과 같이 앉을 수 있게 자리 좀 바꿔 주시겠습니까?
74. 의자를 뒤로 젖혀도 되겠습니까?
75. 이륙할 때까지 좌석을 똑바로 세워주시기 바랍니다.
76. 안전 벨트를 매주십시오.
77. 곧 이륙할 예정입니다.
78. 물 한 잔만 가져다 주시겠습니까?
79. 베개와 담요을 얻을 수 있을까요?
80. 도착하기까지 얼마나 더 걸립니까?
81. 30분 후에 착륙할 겁니다.
82. 이 신고서 작성법 좀 알려주시겠습니까?

Lesson 5 ⁞ 기내에서

72. Could you help me to find the seat number 25F, please?
    쿠드 유 핼프 미 투 파인드 더 씨잍 넘버 트웬티 파이브 에프, 플리즈

73. Could you change seats with me so that I can sit with my companion?
    쿠드 유 체인지 씨잍츠 윋 미 쏘 댇 아이 캔 씥 윋 마이 컴페니언

74. Could I put my seat back?
    쿠드 아이 풑 마이 씨잍 백

75. Please keep your seat in the upright position until after takeoff.
    플리즈 킾 유어 시잍 인 더 엎롸잍 포지션 언틸 애프터 테잌오프

76. Fasten your seat belt, please.
    페이슨 유어 씨잍 벨트, 플리즈

77. We're taking off shortly.
    위어 테이킹 오프 쇼오틀리

78. Can you please bring me a glass of water?
    캔 유 플리즈 브륑 미 어 글래쓰 오브 웥어

79. May I have a pillow and a blanket?
    메이 아이 해브 어 필로우 앤 어 블랭킽

80. How long will it be before we arrive?
    하우 롱 윌 잍 비 비포어 위 어롸이브

81. We'll be landing in 30 minutes.
    위일 비 랜딩 인 써어티 미닡츠

82. Can you tell me how to fill in this form?
    캔 유 텔 미 하우 투 필 인 디쓰 포옴

Expressions at the Hotel

호텔에서

Lesson 1 : 안내 데스크

83. 노보텔 호텔에 오신 것을 환영합니다. 어떻게 도와드릴까요?
84. 체크인 하려고 합니다. 스티브라는 이름으로 예약했습니다.
85. 어떤 방을 찾으십니까?
86. 전망 좋은 1인용 객실을 원합니다.
87. 오늘 밤 묵을 더블 룸이 있습니까?
88. 방 하나 주세요. 욕실이 있는 싱글 룸으로요.
89. 빈 방 있습니까?
90. 2층에 방 하나 주십시오.
91. 이방이면 좋습니다. 이방으로 하겠습니다.
92. 이방에서 멋있는 뉴욕 풍경도 바라 볼 수 있습니다.

Lesson 1 안내 데스크

83. Welcome to the Novotel. How may I help you?
    웰컴 투 더 노보텔. 하우 메이 아이 헬프 유
84. I'd like to check in. I have a reservation in the name of Steve.
    아이드 라잌 투 첵 인. 아이 해브 어 뤠저베이션 인 더 네임 오브 스티브
85. What kind of room would you like?
    왙 카인드 오르 룸 우드 유 라잌
86. I would like a single room with a view.
    아이 우드 라잌 어 싱글 룸 윋 어 뷰우
87. Do you have a double room for tonight?
    두 유 해브 어 더블 룸 포 투나잍
88. I want a room, please. A single room with a bath.
    아이 원트 어 룸, 플리즈. 어 싱글 룸 윋 어 베쓰
89. Are there any vacancies?
    아 데어 애니 베이컨씨즈
90. May I have a room on the second floor?
    메이 아이 해브 어 룸 온 더 세컨드 플로우
91. This room will do all right. I'll take it.
    디쓰 룸 윌 두 올 롸잍. 아일 테잌 잍
92. This room has a wonderful view of New York.
    디쓰 룸 해즈 어 원더플 뷰우 오브 뉴요옥

93. 귀중품은 어디에 보관합니까?
94. 식사시간이 언제죠?
95. 아침 6시에 전화해 주십시오.
96. 2일간 더블 룸을 예약했습니다.
97. 더블 룸과 싱글 룸을 사흘간 예약했어요.
98. 싱글 룸이 없다니 그게 무슨 말입니까?
99. 사흘 묵을 방을 하나 예약했는데요.
100. 전화로 두 사람 예약을 했는데요.
101. 그 방에서 하루 더 묵을 수 있습니까?
102. 숙박 카드 좀 기입해 주시겠습니까?
103. 선생님 방은 3층 314호실 되겠습니다.
104. 그 곳까지 엘리베이터가 갑니까?
105. 이 근처 다른 호텔을 하나 추천해주시겠습니까?
106. 어떤 종류의 방을 원하십니까?
107. 한국식 온돌방도 있습니다.
108. 아침과 저녁, 두 끼의 식사비를 포함해서 하룻밤에 30불입니다.
109. 짐 좀 방으로 올려다 주시겠습니까?
110. 이 카드에 성명, 국적, 여권번호를 기입해 주십시오.
111. 여기 있습니다. 이 정도면 되겠습니까?
112. 이 호텔에서 여행자 수표를 현금으로 바꿀 수 있겠습니까?
113. 짐꾼에게 제 짐 좀 방으로 옮기도록 해주세요.
114. 방들이 서로 붙어 있는 건가요?
115. 모든 것에 만족하시리라 자신합니다.
116. 저희 호텔에서 편히 쉬셨으면 합니다.
117. 방이 다 찬 것 같습니다.
118. 미안합니다. 방이 다 찼습니다.
119. 이틀 밤을 묵을 적당한 방을 원합니다.

93. Where do I check my valuables?
웨어 두 아이 첵 마이 밸류어블즈

94. When do you serve meals?
웬 두 유 써어브 미일즈

95. Please give me a call at six in the morning.
플리즈 기브 미 어 컬 앹 식스 인 더 모오닝

96. I have a double room reserved for two nights.
아이 해브 어 더블 룸 뤼저어브드 포 투 나잍츠

97. I have a reservation for a double room and another single room for three nights.
아이 해브 어 뤠저베이션 포 어 더블 룸 앤 언아더 싱글 룸 포 쓰뤼 나잍츠

98. What do you mean you don't have single rooms?
왙 두 유 미인 유 돈-해브 싱글 룸스

99. I reserved one for three nights.
아이 뤼저어브드 원 포 쓰뤼 나잍츠

100. I have a reservation for two by phone.
아이 해브 어 뤠저베이션 포 투 바이 포운

101. Can I stay one more night in that room?
캔 아이 스테이 원 모어 나잍 인 댙 룸

102. Would you fill in this registration form, please?
우드 유 필 인 디쓰 뤠지스트뤠이션 포옴, 플리즈

103. You're in room 314 on the third floor.
유어 인 룸 쓰뤼 원 포어 온 더 써어드 플로어

104. Can I take the elevator up there?
캔 아이 테잌 디 엘리베이터 엎 데어

105. Could you recommend another hotel here?
쿠드 유 뤠컴맨드 언아더 호텔 히어

106. What kind of room would you like to have?
왙 카인드 오브 룸 우드 유 라잌 투 해브

107. We have Korean style rooms, too.
위 해브 코뤼언 스타일 룸스, 투

108. Thirty dollars a night, including two meals : breakfast and dinner.
써어티 달러스 어 나잍, 인클루딩 투 미일즈 : 브뤸퍼스트 앤 디너

109. Will you please have my luggage taken up to my room?
윌 유 플리즈 해브 마이 러기지 테이큰 엎 투 마이 룸

110. Would you write down your name, nationality, and passport number on this card?
우드 유 롸잍 다운 유어 네임, 내셔낼러티, 앤 패쓰포오트 넘버 온 디쓰 카아드

111. Here you are. I hope this is satisfactory.
히얼 유 아. 아이 홒 디쓰 이즈 쌔티스팩토뤼

112. Can I cash my traveler's check in this hotel?
캔 아이 캐쉬 마이 트뤠블러스 첵 인 디쓰 호텔

113. Please have a porter carry my luggage up to my room.
플리즈 해브 어 포오터 캐뤼 마이 러기지 엎 투 마이 룸

114. Are the rooms next to each other?
아 더 룸스 넥스트 투 이치 아더

115. I'm sure you will find everything satisfactory.
아임 슈어 유 윌 파인드 에브뤼띵 쌔티스팩토뤼

116. I hope you enjoy your stay in our hotel.
아이 홒 유 인조이 유어 스테이 인 아우어 호텔

117. I'm afraid we are rather full up, sir.
아임 어프뤠이드 위 아 뤠더 풀 엎, 써어

118. I'm sorry, sir. We're filled up.
아임 쏘뤼, 써. 위어 필드 엎

119. We want a reasonable room for two nights.
위 원트 어 뤼즈너블 룸 포 투 나잍츠

120. 당분간 이 곳에 머무실 예정입니까?
121. 그 점에 관해서라면 안내 데스크에 물어 보세요.
122. 그 방이 어떻게 생긴 방인지 좀 말씀해 주시겠습니까?
123. 깨끗하고 조용한 방이 있습니다.
124. 예약하신 방을 보여드리겠습니다.
125. 이 방이 제가 선생님을 위해 준비해 둔 방입니다.
126. 호텔의 여러 가지 서비스에 대해 알고 싶으시면 이 팜플릿을 보세요.
127. 오늘 밤 모두 편안히 쉬시기 바랍니다.
128. 아침 식사가 포함된 가격인가요?
129. 세금이 포함된 가격인가요?
130. 봉사료가 포함된 가격인가요?
131. 금주 일요일까지 숙박을 연장할 수 있겠습니까?
132. 선생님 방은 복도 맨 끝에 있습니다.
133. 1204호실에 메시지 온 것 없습니까?
134. 잠깐만 기다려 보십시오. 30분 전에 어떤 신사분께서 남기신 메시지가 하나 있습니다.
135. 한국어 할 줄 아는 분 좀 소개해 주십시오.
136. 방에 열쇠를 놓고 나왔는데, 문 좀 열어 주시겠어요?
137. 언제 체크아웃하실 예정이세요?
138. 여행자 수표로 지불해도 됩니까?
139. 신분 확인을 위해 여권을 보여 주시겠습니까?
140. 여러분을 저희 호텔에 모시게 되어 반갑습니다.
141. 내일 오후 4시경에 체크아웃 할 예정입니다.
142. 체크 아웃하려고 합니다. 계산서를 작성해 주시겠습니까?
143. 이 곳에 투숙하시는 동안 즐거우셨기를 바랍니다.

120. Do you expect to stay here for some time?
두 유 익스펙트 투 스테이 히어 포 썸 타임

121. The information desk will help you on that.
디 인포메이션 데스트 윌 헬프 유 온 댙

122. Can you tell me what the room is like?
캔 유 텔 미 왙 더 룸 이즈 라잌

123. We have a nice quiet room for you.
위 해브 어 나이스 콰이얼 룸 포 유

124. I'll show you the room you reserved.
아일 쇼우 유 더 룸 유 뤼저어브드

125. This is the room I have in mind for you.
디쓰 이지 더 룸 아이 해브 인 마인드 포 유

126. This leaflet tells you about various hotel services.
디쓰 리이플릳 텔즈 유 어바웉 베어뤼어스 호텔 써어비시즈

127. I hope you'll be very comfortable tonight.
아이 홒 유일 비 베뤼 컴포오터블 투나잍

128. Does the price include breakfast?
더즈 더 프롸이스 인클루드 브뤡퍼스트

129. Does the price include tax?
더즈 더 프롸이스 인클루드 택스

130. Dose the price include service charge?
더즈 더 프롸이스 인클루드 써어비스 차아지

131. Could I extend my stay until this Sunday?
쿠드 아이 익스텐드 마이 스테이 언틸 디스 썬데이

132. Your room is at the end of this hall.
유어 룸 이즈 앹 디 앤드 오브 디쓰 호올

133. Any messages for me, room 1204?
애니 메씨지스 포 미, 룸 원 투 지어로 포어

134. Wait a minute, sir. Here you have a message left by a gentleman half an hour ago.
웨잍 어 미닡, 써어. 히얼 유 해브 어 메씨지 레프트 바이 어 잰틀맨 해프 언 아우어 어고우

135. Please find someone who speaks Korean.
플리즈 파인드 썸원 후 스핔스 코리언

136. I left the key in my room. Could you open the door for me?
아이 레프트 더 키이 인 마이 룸. 쿠드 유 오픈 더 도어 포 미

137. When are you going to check out?
웬 아 유 고잉 투 쳌 아웉

138. Can I pay with traveler's check?
캔 아이 페이 윋 트뤠블러스 쳌

139. May I see your passport for identification?
메이 아이 씨 유어 패쓰포오트 포 아이덴티피케이션

140. It's my pleasure to welcome you to our hotel.
잍츠 마이 플레주어 투 웰컴 유 투 아우어 호텔

141. I'll be checking out tomorrow afternoon at about four.
아일 비 체킹 아웉 투머로우 애프터눈 앹 어바웉 포어

142. I'll be checking out. Will you make out my bill?
아일 비 체킹 아웉. 윌 유 메잌 아웉 마이 빌

143. We hope you enjoyed your stay with us.
위 홒 유 인조이드 유어 스테이 윋 어스

Lesson 2 : 룸 서비스

144. 룸 서비스는 어떻게 부릅니까?
145. 룸 서비스를 부르려면 몇 번으로 걸어야 됩니까?
146. 벨보이를 좀 올려 보내 주세요.
147. 맥주 한 병을 주문하고 싶습니다.
148. 605호입니다. 여분의 수건 좀 가져다 주시겠습니까?
149. 아침 식사를 1203호로 가져다주시겠습니까?
150. 아침 식사를 제 방으로 배달해 주세요.
151. 세탁과 다림질할 게 몇 가지 있습니다.
152. 셔츠를 다림질하고 싶습니다.
153. 한국으로 국제전화를 어떻게 걸 수 있습니까?
154. 내일 아침 7시에 전화로 좀 깨워 주세요.

Lesson 3 : 기타 표현

155. 난방시설에 뭔가 이상이 생긴 게 틀림없어요.
156. 더운물이 안 나옵니다.
157. 욕실의 물이 빠지지 않아요.
158. 잘 알아서 모시겠습니다.
159. 필요하신 것이 있으시면, 저희를 불러 주세요.
160. 문이 저절로 잠겨 버렸습니다.
161. 짐꾼 한 사람 보내주시겠습니까? 지금 체크아웃 하고 있는 중입니다.
162. 원하시는 것이 있으면 저를 불러 주세요.
163. 실내온도는 어떻게 조절합니까?
164. 여러분을 진심으로 환영하는 바입니다.
165. 오늘 저녁에 좋은 구경거리를 추천해 주시겠습니까?
166. 어느 것을 보시겠습니까?

Lesson 2 룸 서비스

144. How can I call room service?
하우 캔 아이 컬 룸 써어비스

145. What number should I dial to call the room service?
왇 넘버 슈드 아이 다이얼 투 컬 더 룸 써어비스

146. Please send up a bell-boy.
플리즈 센드 엎 어 벨-보이

147. I'd like to order a bottle of beer, please.
아이드 라잌 투 오더 어 바틀 오브 비어, 플리즈

148. This is room 605. Could you bring me some extra towels, please?
디씨 이즈 룸 식스 오 파이브. 쿠드 유 브륑 미 썸 엑스트롸 타우얼즈, 플리즈

149. Could you bring my breakfast to room 1203, please?
쿠드 유 브륑 마이 브뤸퍼스트 투 룸 트웰브 오 쓰뤼, 플리즈

150. I'd like to have breakfast served in my room.
아이드 라잌 투 해브 브뤸퍼스트 써어브드 인 마이 룸

151. I have something to be cleaned and pressed.
아이 해브 썸띵 투 비 클린드 앤 프뤠쓰트

152. I'd like to get my shirts pressed, please.
아이드 라잌 투 겥 마이 셔어츠 프뤠쓰트, 플리즈

153. How can I make an overseas call to Korea?
하우 캔 아이 메잌 언 오버씨이즈 컬 투 코리아

154. I want to be called at seven tomorrow morning.
아이 원–투 비 컬드 앹 세븐 투머로우 모오닝

Lesson 3 ⋮ 기타 표현

155. Something must be wrong with the heating system.
썸띵 머스트 비 뤙 윋 더 히팅 시스템

156. I don프t have any hot water.
아이 돈–해브 애니 핱 웥어

157. The bathroom drain doesn't work.
더 베쓰룸 드뤠인 더즌트 워어크

158. We'll take care of it for you.
위일 테잌 케어 오브 잍 포 유

159. If you need anything, please call us.
이프 유 니이드 애니띵, 플리즈 컬 어스

160. The door locks by itself.
더 도어 랔스 바이 잍셀프

161. Will you send up a porter for my baggage? I'm checking out now.
윌 유 센드 엎 어 포어터 포 마이 배기지. 아임 체킹 아웉 나우

162. If there is anything you want, please call me.
이프 데얼 이즈 애니띵 유 원트, 플리즈 컬 미

163. How can I regulate the room temperature?
하우 캔 아이 뤠귤레잍 더 룸 템퍼뤄쳐

164. I would like to extend my hearty welcome to you.
아이 우드 라잌 투 익스텐드 마이 하아티 웰컴 투 유

165. Could you recommend a good show this evening?
쿠드 유 뤠컴맨드 어 굳 쇼우 디쓰 이브닝

166. Which would you prefer to see?
위치 우드 유 프뤼퍼 투 씨

167. 부탁한 것을 못 받았습니다.
168. 차를 현관에 갖다대어 주시겠어요?
169. 구두를 닦으려고 하는데 어디서 닦을 수 있을까요?
170. 구두 좀 닦아 주시겠습니까?
171. 몇 층에 가십니까?
172. 7층 좀 눌러주세요.
173. 아저씨, 이 가방들을 엘리베이터까지 좀 운반해 주세요.
174. 다음 엘리베이터를 타세요.
175. 5층까지 직행입니다.
176. 미안합니다, 정전입니다.
177. 안으로 좀 들어서 주십시오.
178. 2층에는 서지 않습니다.
179. 이 편지를 좀 부쳐 주시겠습니까?
180. 이 호텔에 렌트 카 서비스가 있는지 알고 싶습니다.
181. 1인용 침실.
182. 2인이 함께 쓸 수 있는 침대가 있는 침실.
183. 1인용 침대가 두 개 있는 침실.

167. I wasn't given what I asked for.
아이 워즌트 기븐 왇 아이 에슼트 포

168. Would you have my car brought around?
우드 유 해브 마이 카 브뤄얼 어롸운드

169. Where can I have my shoes shined?
웨어 캔 아이 해브 마이 슈즈 샤인드

170. Can I have my shoes polished?
캔 아이 해브 마이 슈즈 팔리쉬트

171. What floor do you want, sir?
왇 플로어 두 유 원트, 써어

172. Push 7, please.
푸쉬 세븐, 플리즈

173. Porter, please take the bags to the elevator.
포어터, 플리즈 테잌 더 백스 투 디 엘리베이터

174. Next elevator, please.
넥스토 엘리베이터, 플리즈

175. Express to the fifth.
익스프뤠쓰 투 더 핖쓰

176. Sorry, the power is off.
쏘뤼, 더 파워 이즈 오프

177. Please step aside.
플리즈 스텦 어사이드

178. This doesn't stop at the second floor.
디쓰 더즌트 스탚 앹 더 세컨드 플로어

179. Would you please mail this for me?
우드 유 플리즈 메일 디쓰 포 미

180. I'd like to know if this hotel has a car rental service.
아이드 라잌 투 노우 이프 디쓰 호텔 해즈 어 카 렌틀 써어비스

181. Single room.
싱글 룸

182. Double room.
더블 룸

183. Twin room.
트윈 룸

Expressions at a Restaurant

식당에서

Lesson 1 : 주문하기

184. 식사를 하고 싶은데요.
185. 두 사람이 식사할 테이블을 부탁합니다.
186. 이 테이블은 비어있나요?
187. 테이블 먼저 좀 닦아 주세요.
188. 주문을 받으세요.
189. 메뉴 좀 볼 수 있을까요?
190. 메뉴 좀 봅시다.
191. 이건 어떤 음식입니까?
192. 이 식당의 특별 메뉴는 뭐죠?
193. 이 집에서 특별히 잘하는 음식이 뭡니까?
194. 오늘의 특별 메뉴는 뭔가요?
195. 빨리 나오는 게 뭐죠? 15분 밖에 시간이 없어서요.
196. 무얼 먹으면 좋을지 추천해 주세요.
197. 오늘 저녁 메뉴로는 무엇이 좋을까요?
198. 전 뭘로 주문하면 좋을까요?
199. 제 것도 주문하시지 그러세요?
200. 같은 걸로 주세요.
201. 같은 걸로 주세요.
202. 저는 괜찮습니다.
203. 가벼운 걸로 뭐 없을까요?
204. 커피 한 잔 주십시오.
205. 식사 전에 술 한 잔 하고 싶어요.
206. 포도주 목록을 좀 보여주실래요?
207. 포도주 좀 추천해 주세요.
208. 맥주로 좀 주세요.

Lesson 1 주문하기

184. A table for us, please.
어 테이블 포 어스, 플리즈

185. A table for two, please.
어 테이블 포 투, 플리즈

186. Is this table vacant?
이즈 디쓰 테이블 베이컨트

187. Wipe the dust off the table, please.
와잎 더 더스트 오프 더 테이블, 플리즈

188. Why don't you take the order?
와이 돈트 유 테잌 디 오더

189. May I see the menu, please?
메이 아이 씨 더 메뉴, 플리즈

190. Let me have a look at the menu.
렡 미 해브 어 룩 앹 더 메뉴

191. What is this like?
왙 이즈 디쓰 라잌

192. What's the specialty of this place?
왙츠 더 스페셜티 오브 디쓰 플레이스

193. What's your specialty?
왙츠 유어 스페셜티

194. What's the special of the day?
왙츠 더 스페셜 오브 더 데이

195. What can be served very quickly? I have only 15 minutes.
왙 캔 비 써어브드 베뤼 퀵클리. 아이 해브 온리 피프틴 미닡츠

196. What do you recommend?
왙 두 유 뤠컴맨드

197. What would you recommend this evening?
왙 우드 유 뤠컴맨드 디쓰 이브닝

198. What do you suggest I order?
왙 두 유 써제스트 아이 오더

199. Why don't you order for me?
와이 돈트 유 오더 포 미

200. Make it two, please.
메잌 잍 투, 플리즈

201. Same here.
쌔임 히어

202. None for me, thank you.
넌 포 미, 땡크 유

203. Could you fix me something light?
쿠드 유 픽스 미 썸팅 라잍

204. Get me a cup of coffee, please.
겥 미 어 컾 오브 커피, 플리즈

205. I want to have a drink before the meal.
아이 원-투 해브 어 드륑크 비포어 더 미일

206. Can I have the wine list?
캔 아이 해브 더 와인 리스트

207. What wine would you recommend for us?
왙 와인 우드 유 뤠컴맨드 포 어스

208. We will have some beer.
위 윌 해브 썸 비어

209. 주방장의 추천 요리로 하겠습니다.
210. 저녁식사로 소고기구이를 하겠습니다.
211. 신사분께서는 소고기 스테이크로 하신답니다.
212. 이 신사분께서는 커피로, 전 레몬에이드로 하겠어요.
213. 중간 정도만 구워주세요.
214. 중간 정도로 구워주세요.
215. 저는 클럽 샌드위치로 하겠습니다.
216. 새우 먹어본 지가 오래 되었습니다.
217. 밥을 좀 먹었으면 합니다.
218. 빨리 그 음식을 맛보고 싶군요.
219. 왜 이렇게 작죠?
220. 조금만 더 주시겠어요?
221. 야채 샐러드로 할까 합니다.
222. 블루 치즈 드레싱이 있습니까?
223. 물이면 됩니다.
224. 한 잔 더 채워주시겠어요?
225. 후식은 아이스크림으로 하겠습니다.
226. 제 아이에게는 바닐라 아이스크림으로 주세요.
227. 그것 대신 커피로 주시겠어요?
228. 과일로 하겠습니다.
229. 다시 생각해보니, 사과가 배보다 더 좋을 것 같군요.

Lesson 2 : 주문받기

230. 주문하시겠습니까?
231. 주문하시겠습니까?
232. 이미 주문했습니다.
233. 무엇을 드시겠습니까?

209. Give me the chef's special.
기브 미 더 쉐프즈 스페셜

210. I'll have roast beef for dinner.
아일 해브 로우스트 비이프 포 디너

211. The gentleman will have a beef steak.
더 젠틀맨 윌 해브 어 비이프 스테잌

212. The gentleman will have a coffee, and I'll have a lemonade.
더 젠틀맨 윌 해브 어 커피, 앤 아일 해브 어 레몬에이드

213. Make it medium, please.
메잌 잍 미디엄, 플리즈

214. I'd like it medium.
아이드 라잌 잍 미디엄

215. I'll have a club sandwich.
아일 해브 어 클럽 샌드위치

216. I haven ㅍt had shrimp for ages.
아이 해븐트 해드 쉬륌프 포 에이지스

217. I wonder if I can have some rice.
아이 원더 이프 아이 캔 해브 썸 롸이스

218. I can hardly wait to taste it.
아이 캔 하들리 웨잍 투 테이스트 잍

219. How come it's so small?
하우 컴 잍츠 쏘 스몰

220. May I ask for just a bit more?
메이 아이 애슼 포 저스트 어 빝 모어

221. I think I'll have a vegetable salad.
아이 띵크 아일 해브 어 베지터블 샐러드

222. Do you have blue cheese dressing?
두 유 해브 블루 치이즈 드뤠씽

223. Water will be fine.
워어 윌 비 파인

224. May I have a refill?
메이 아이 해브 어 뤼필

225. I'll have some ice cream for dessert.
아일 해브 썸 아이스 크륌 포 디저어트

226. Vanilla ice cream for my kid, please.
바닐라 아이스 크륌 포 마이 키드, 플리즈

227. Can I have coffee instead?
캔 아이 해브 커피 인스테드

228. I'd like some fruit.
아이드 라잌 썸 프룯

229. On second thought, I prefer an apple to a pear.
온 세컨드 쏘옽, 아이 프뤼퍼 언 애플 투 어 페어

Lesson 2 ⋮ 주문 받기

230. May I have your order, please?
메이 아이 해브 유어 오더 플리즈

231. Are you ready to order, sir?
아 유 뤠디 투 오더, 써어

232. I'm being served.
아임 비잉 써어브드

233. What would you like to eat?
왙 우드 유 라잌 투 잍

234. 저녁식사로 뭘 드시겠어요?
235. 주 요리는 무엇으로 하시겠습니까?
236. 커피에 설탕이나 크림을 넣을까요?
237. 설탕을 몇 스푼 넣어드릴까요?
238. 먹어볼만 합니다.
239. 음료는 무엇으로 하시겠습니까?
240. 더 필요하신 건 없으세요?
241. 선불입니다.
242. 반찬을 좀 더 드릴까요?
243. 후식은 뭘로 하시겠어요?
244. 어떤 맛으로 하시겠어요?
245. 초콜릿과 바닐라 중 어느 걸로 하시겠어요?

Lesson 3 : 음식 권하기

246. 이 빵 한 조각 드시겠습니까?
247. 저는 배가 좀 고픈데요. 당신은 어떠세요?
248. 가벼운 것으로 뭘 좀 먹읍시다.
249. 한식과 일식 중 무얼 드시겠어요?
250. 저녁식사로 한식 어떠세요?
251. 불고기 드신 적 있으세요?
252. 이것이 전형적인 한식 상차림입니다.
253. 후식으로 아이스크림 좀 드시겠어요?
254. 어서 드시지요.
255. 고기 좀 더 드시겠어요?
256. 마음껏 드세요.
257. 좀 더 드시겠습니까?
258. 커피 한 잔 더 하실래요?

234. What would you like to have for dinner?
왇 우드 유 라잌 투 해브 포 디너

235. What would you like to have for a main dish?
왇 우드 유 라잌 투 해브 포-러 메인 디쉬

236. Do you like sugar or cream in your coffee?
두 유 라잌 슈거 오어 크륌 인 유어 커피

237. How many spoonfuls of sugar do you want?
하우 매니 스푼플즈 오브 슈거 두 유 원트

238. They're worth trying.
데이어 워어쓰 트롸잉

239. Anything to drink?
애니띵 투 드륑크

240. Would you like anything else?
우드 유 라잌 애니띵 엘스

241. You have to pay in advance.
유 해브 투 페이 인 어드밴스

242. Would you like more side dishes?
우드 유 라잌 모어 사이드 디쉬즈

243. What would you like for dessert, ma'am?
왙 우드 유 라잌 포 디저어트, 매앰

244. What flavor would you like?
왙 플레이버 우드 유 라잌

245. Chocolate or vanilla?
처컬릳 오어 바닐라

Lesson 3 ⁞ 음식 권하기

246. Would you like to have a slice of this bread?
우드 유 라잌 투 해브 어 슬라이스 오브 디쓰 브뤠드

247. You know, I'm hungry. What about you?
유 노우, 아임 헝그뤼. 왙 어바웉 유

248. Let's get a bite to eat.
렡츠 겥 어 바잍 투 잍

249. Which would you prefer to have, Korean or Japanese food?
위치 우드 유 프뤼퍼 투 해브, 코뤼언 오어 재패니즈 푸드

250. Would you like to try Korean food for dinner?
우드 유 라잌 투 트롸이 코뤼언 푸드 포 디너

251. Have you ever tried Bulgogi before?
해브 유 에버 트롸이드 불고기 비포어

252. This is a typical Korean dinner.
디쓰 이즈 어 티피컬 코뤼언 디너

253. Would you like to have some ice cream for dessert?
우드 유 라잌 투 해브 썸 아이스 크뤼 포 디저어트

254. Why don't you go ahead and eat?
와이 돈트 유 고우 어헤드 앤 잍

255. Would you care for some more meat?
우드 유 케어 포 썸 모어 미잍

256. Please have all you want.
플리즈 해브 올 유 원트

257. Would you like another helping?
우드 유 라잌 언아더 헬핑

258. Would you like another coffee?
우드 유 라잌 언아더 커피

259. 충분히 먹은 것 같아요.
260. 이제 배가 부릅니다.
261. 정말 배가 부릅니다. 잘 먹었습니다.
262. 제 몫보다 더 많이 먹었어요.
263. 맛있게 드셨기를 바랍니다.

Lesson 4 : 술자리에서

264. 한 잔 하시겠습니까?
265. 오늘 밤 한 잔 어떠세요?
266. 술 마실 시간이 있으세요?
267. 무얼 마시겠습니까?
268. 포도주 목록 좀 보여주십시오.
269. 드라이 마티니로 주십시오.
270. 이것은 어떻게 마셔야 합니까?
271. 이 술은 독합니까?
272. 맥주 한 잔 갖다 주시겠습니까?
273. 한 잔 따라 드리겠습니다.
274. 한 잔 더 드시겠습니까?
275. 전 과음했습니다.
276. 너무 많이 마셨습니다.
277. 근처에 혼자 갈 수 있는 바가 있나요?
278. 제가 한 잔 사겠습니다.
279. 제가 한 잔 사겠습니다.
280. 이번엔 제가 내겠습니다.
281. 오늘 밤은 제가 사겠습니다.
282. 각자 부담하도록 합시다.
283. 저는 마실 준비가 되어 있습니다.
284. 2차로 한 잔 더 합시다.

259. I guess I had enough.
아이 게쓰 아이 해드 이너프

260. I'm full now.
아임 풀 나우

261. I'm really full. Thank you.
아임 뤼얼리 풀. 땡크 유

262. I got more than my share.
아이 갈 모어 댄 마이 쉐어

263. I hope you enjoyed your meal.
아이 홒 유 인조이드 유어 미일

Lesson 4 : 술자리에서

264. Would you like to drink?
우드 유 라잌 투 드륑크

265. How about a drink tonight?
하우 어바웉 어 드륑크 투나잍

266. Did you schedule some time for a drink?
디드 유 스케줄 썸 타임 포-러 드륑크

267. What do you want to drink?
왇 두 유 원-투 드륑크

268. Please let me see your wine list.
플리즈 렐 미 씨 유어 와인 리스트

269. I want a dry martini.
아이 원트 어 드롸이 마아티니

270. How do I drink this?
하우 두 아이 드륑크 디쓰

271. Is it strong?
이즈 잍 스트뤙

272. Will you get me one beer?
윌 유 겥 미 원 비어

273. Let me pour you a drink.
렡 미 푸어 유 어 드륑크

274. Would you want to drink more?
우드 유 원-투 드륑크 모어

275. I'm too drunk.
아임 투 드뤙크

276. I had a drop too much.
아이 해드 어 드롸 투 머치

277. Is there a singles' bar around here?
이즈 데얼 어 싱글즈 바 어롸운드 히어

278. I'll buy you a drink.
아일 바이 유 어 드륑크

279. I'll stand you a drink.
아일 스탠드 유 어 드륑크

280. It's my treat.
잍츠 마이 트륕

281. Be my guest tonight, please.
비 마이 게스트 투나잍, 플리즈

282. Let's split the bill.
렡츠 스플릳 더 빌

283. I'm ready for a drink.
아임 뤠디 포-러 드륑크

284. Let's go bar-hopping.
렡츠 고우 바아-하핑

Section 07 Expressions at a Restaurant

285. 금주주의자가 아니길 바랍니다.
286. 물론 아닙니다만, 술을 좋아하지는 않습니다.
287. 저는 술을 한 방울도 못 마십니다.
288. 저는 술을 한 방울도 못 마십니다.
289. 전 술을 그다지 좋아하지 않습니다.
290. 저는 술을 끊었습니다.
291. 저는 위스키 한 잔이면 취해 버립니다.
292. 저는 술이 센 편입니다.
293. 맥주로는 취하지 않습니다.
294. 더운 날에는 시원한 맥주보다 더 좋은 게 없습니다.
295. 맥주 맛이 끝내주는군요.
296. 맥주 한 병만 더 주십시오.
297. 열기 전에 잘 흔들어 주십시오.
298. 전 위스키 한 잔 하겠습니다.
299. 당신이 마시는 것은 무엇입니까?
300. 위스키 한 잔 마셔보세요. 좋아하실 겁니다.
301. 네, 조금만 마셔보겠습니다.
302. 얼음에 타서 주십시오.
303. 건배!
304. 건배합시다!
305. 당신의 건강을 위하여!
306. 모두를 위해서 건배합시다.
307. 점점 술기운이 올라오고 있습니다.
308. 술이 좀 오르는 것 같습니다.
309. 뱃속이 이상해지고 있습니다.
310. 실례해야겠습니다. 몸이 좋지 않군요.
311. 토하고 싶습니다.

285. I hope you are not a teetotaler.
아이 홒 유 아 낱 어 티토우틀러

286. Of course not. But I don’t enjoy drinking very much.
오브 코오스 낱. 벌 아이 돈-인조이 트륑킹 베뤼 머치

287. I don't touch liquor.
아이 돈-터치 리커어

288. I don’t drink a drop.
아이 돈-드륑크 어 드뢒

289. I’m not too crazy about booze.
아임 낱 투 크뤠이지 어바웉 부우즈

290. I’m on the wagon.
아임 온 더 웨건

291. After one whisky, I’m under the table.
애프터 원 위스키, 아임 언더 더 테이블

292. I’m a heavy drinker.
아임 어 해비 드륑커

293. You don’t get drunk on beer.
유 돈-겔 드륑크 온 비어

294. There is nothing like a cold beer on a hot day.
데얼 이즈 나띵 라잌 어 코울드 비어 온 어 핱 데이

295. This beer hits the spot.
디쓰 비어 힡츠 더 스팥

296. Another bottle of beer for me.
언아더 바틀 오브 비어 포 미

297. Shake it well before you open it.
쉐잌 잍 웰 비포어 유 오픈 잍

298. I'll have a shot of whiskey.
아일 해브 어 샽 오브 위스키

299. What's that you are drinking?
왙츠 댙 유 아 드륑킹

300. Why don't you try some whiskey? I think you'll like it.
와이 돈트 유 트롸이 썸 위스키. 아이 띵크 유일 라잌 잍

301. All right. I'll try a little.
올 롸잍. 아일 트롸이 어 맅을

302. On the rocks, please.
온 더 롹스, 플리즈

303. Bottoms up!
바텀즈 엎

304. Here's looking at you!
히얼즈 루킹 앹 유

305. To your health!
투 유어 헬쓰

306. Let's toast for all.
렡츠 토우스트 포 올

307. I'm getting drunk.
아임 게팅 드뤙크

308. I'm feeling a little high.
아임 필링 어 맅을 하이

309. My stomach is getting upset.
마이 스토멐 이즈 게팅 엎셑

310. Please excuse me. I don't feel well.
플리즈 익스큐즈 미. 아이 돈-필 웰

311. I want to throw up.
아이 원-투 쓰로우 엎

312. 완전히 취했습니다.
313. 그는 만취해 있습니다.
314. 너무 취해서 운전을 못하겠습니다.
315. 머리가 깨지는 것 같습니다.
316. 저는 정신이 멀쩡합니다.

Lesson 5 : 계산하기

317. 계산을 하고 싶은데요.
318. 계산서 좀 주세요.
319. (여종업원에게)요금은 어디에서 계산하죠?
320. 봉사료가 포함된 가격인가요?
321. 얼마를 드려야 합니까?
322. 달러로 얼마입니까?
323. 각자 부담합시다.
324. 반반씩 냅시다.
325. 이번에는 제가 사겠습니다.
326. 각자 부담합시다.
327. 제가 계산할게요.
328. 이번에는 제가 사겠습니다.
329. 좋아요. 다음에는 제가 사지요.
330. 이번에는 제가 사겠습니다.
331. 점심은 제가 살게요.

Lesson 6 : 기타 표현

332. 특별히 생각해 둔 식당이라도 있으신가요?
333. 오늘은 어떤 음식이 맛있습니까?
334. 배가 그다지 고프지 않아 다른 것을 먹고 싶습니다.

312. I got dead drunk.
아이 갇 데드 드뤙크

313. He is blind drunk.
히 이즈 블라인드 드뤙크

314. I'm too drunk to drive.
아임 투 드뤙크 투 드롸이브

315. My head feels like it's going to split.
마이 해드 필즈 라잌 잍츠 고잉 투 스플릳

316. I'm as sober as a judge.
아임 애즈 소우버 애즈 어 졎지

Lesson 5 계산하기

317. I'd like the tab, please.
아이드 라잌 더 탭, 플리즈

318. May I have the check, please?
메이 아이 해브 더 쳌, 플리즈

319. Waitress, where do I pay the bill?
웨이트뤼쓰, 웨어 두 아이 페이 더 빌

320. Is the service charge included?
이즈 더 써어비스 차아지 인클루디드

321. How much do I owe you?
하우 머치 두 아이 오우 유

322. How much is it in dollars?
하우 머치 이즈 잍 인 달러스

323. Let me share the bill.
렡 미 쉐어 더 빌

324. Let's go halves.
렡츠 고우 해브즈

325. Let me treat you this time.
렡 미 트륕 유 디쓰 타임

326. Let's go Dutch.
렡츠 고우 덭치

327. Let me take care of the bill.
렡 미 테잌 케어 오브 더 빌

328. It's my treat this time.
잍츠 마이 트륕 디쓰 타임

329. Okay. Next time I'll treat.
오케이. 넥스트 타임 아일 트륕

330. It's my treat this time.
잍츠 마이 트륕 디쓰 타임

331. Lunch is on me.
런치 이즈 온 미

Lesson 6 | 기타 표현

332. Do you have any special restaurant in your mind?
두 유 해브 애니 스페셜 뤠스토랑 인 유어 마인드

333. What's good on the menu today?
왙츠 귿 온 더 메뉴 투데이

334. I want something else, as I am not so hungry.
아이 원트 썸띵 엘스, 애즈 아이 엠 낱 쏘 헝그뤼

335. 자리가 맘에 드십니까?
336. 창가 좌석을 사용할 수 있겠습니까?
337. 커피가 식지 않도록 해주세요.
338. 완숙보단 반숙 계란이 더 좋습니다.
339. 제가 주문한 것은 이게 아닙니다.
340. 토스트를 바싹 구울까요, 약간만 구울까요?
341. 참 맛있게 먹었습니다.
342. 둘이 먹다 하나가 죽어도 모를 만큼 맛있군요.
343. 제 입맛엔 맞지 않군요.
344. 고기가 질기군요.
345. 고기가 연하군요.
346. 제 커피는 블랙으로 주세요.
347. 제 것에는 커피만 넣어주세요.
348. 저는 진한 커피가 좋습니다.
349. 저는 커피를 마시지 않습니다.
350. 커피를 마시면 잠이 안 와요.
351. 저녁에는 커피를 거의 안 마셔요.
352. 저는 쇠고기를 먹지 못합니다.
353. 죄송합니다만, 저는 미국 음식이 맞지 않습니다.
354. 그는 식욕이 왕성합니다.
355. 저는 식성이 별로 까다롭지 않습니다.
356. 그는 식성이 매우 까다로워요.
357. 군침이 도는군요.
358. 배고파 죽겠어요.
359. 배고파 죽겠어요.
360. 배가 몹시 고프군요.
361. 배가 몹시 고프군요.

335. Will this table be to your satisfaction, sir?
월 디쓰 테이블 비 투 유어 쌔티스팩션, 써어

336. Do you have a window table?
두 유 해브 어 윈도우 테이블

337. I'd like to have my coffee kept hot.
아이드 라잌 투 해브 마이 커피 켚트 핱

338. I'd prefer soft-boiled eggs to hard-boiled eggs.
아이드 프뤼퍼 소프트-보일드 에그스 투 하아드 보일드 에그스

339. This is not what I ordered.
디쓰 이즈 낱 왙 아이 오더어드

340. How would you like your toast, dark or light?
하우 우드 유 라잌 유어 토우스트, 다아크 오어 라잍

341. I had it with a good appetite.
아이 해드 잍 윋 어 귿 애피타잍

342. This is enough to make a cat speak.
디쓰 이즈 이너프 투 메잌 어 캩 스핔

343. It doesn't suit my taste.
잍 더즌트 쑤웉 마이 테이스트

344. This meat is tough.
디스 미잍 이즈 터프

345. The meat is tender.
더 미잍 이즈 텐더

346. I'll take my coffee black.
아일 테잌 마이 커피 블랙

347. I like mine plain.
아이 라잌 마인 플레인

348. I prefer strong coffee.
아이 프뤼퍼 스트뤙 커피

349. I'm not a coffee drinker.
아임 낱 어 커피 드륑커

350. Coffee makes me awake.
커피 메잌스 미 어웨잌

351. I seldom have coffee in the evening.
아이 쎌덤 해브 커피 인 디 이브닝

352. Beef doesn't agree with me.
비이프 더즌트 어그뤼 윋 미

353. I'm sorry, but American food doesn't agree with me.
아임 쏘뤼, 벋 어메뤼컨 푸드 더즌트 어그뤼 윋 미

354. He has a big appetite.
히 해즈 어 빅 애피타잍

355. I'm not fussy about food.
아임 낱 퍼씨 어바웉 푸드

356. He's very finicky about what he eats.
히즈 베뤼 피닉키 어바웉 왙 히 잍츠

357. My mouth is watering.
마이 마우쓰 이즈 웥어륑

358. I'm starving now.
아임 스타아빙 나우

359. I'm dying from hunger.
아임 다잉 프럼 헝거

360. I could even eat a horse.
아이 쿠드 이븐 잍 어 호올스

361. I'm as hungry as a bear.
아임 애즈 헝그뤼 애즈 어 베어

362. 뱃 속에서 꼬르륵 소리가 납니다.
363. 한 입 먹어 봐도 될까요?
364. 이 음식 맛 좀 볼 수 있을까요?
365. 뒷맛이 안 좋을 거에요.
366. 저는 다이어트 중입니다.
367. 한국 음식 드셔 본적 있습니까?
368. 저는 한국음식을 무척 좋아합니다.
369. 스테이크를 어떻게 구워드릴까요?
370. 살짝 구울까요, 중간으로, 아님 바짝 구울까요?
371. 스테이크를 바짝 구워주십시오.
372. 많이 드십시오.
373. 괜찮습니다. 많이 먹었습니다.
374. 맛이 어떻습니까?
375. 매우 맛있군요.
376. 이 음식은 맛이 형편없습니다.
377. 남은 음식 좀 싸주세요.
378. 숟가락을 떨어뜨렸어요. 다른 것으로 하나 갖다 주시겠어요?
379. 젓가락 좀 주시겠어요?
380. 소금 좀 건네 주시겠어요?
381. 소금 좀 건네 주시겠어요?
382. 주문한 것 좀 빨리 주세요.
383. 커피를 마시면서 얘기 합시다.

362. My stomach is growling.
마이 스토먹 이즈 그롸울링

363. Can I have a bite?
캔 아이 해브 어 바잍

364. Can I taste this food?
캔 아이 테이스트 디쓰 푸드

365. It will leave a bad taste in your mouth.
잍 윌 리이브 어 배드 테이스트 인 유어 마우쓰

366. I'm on a diet.
아임 온 어 다이얼

367. Have you ever tried Korean dishes?
해브 유 에버 트롸이드 코뤼언 디쉬즈

368. I like Korean food so much.
아이 라잌 코뤼언 푸드 쏘 머치

369. How do you want the steak?
하우 두 유 원트 더 스테잌

370. Rare, medium or well-done?
뤠어, 미디엄 오어 웰–던

371. I want the steak well-done.
아이 원트 더 스테잌 웰–던

372. Help yourself, please.
헬프 유어셀프, 플리즈

373. No thank you. I've had enough.
노 땡크 유. 아이브 해드 이너프

374. How does it taste?
하우 더즈 잍 테이스트

375. It's very delicious.
잍츠 베뤼 딜리셔스

376. The food is terrible.
더 푸드 이즈 테뤄블

377. Give me a doggy bag, please.
기브 미 어 도기 백, 플리즈

378. I dropped my spoon. Could you bring me another?
아이 드뢒트 마이 스푼. 쿠드 유 브륑 미 언아더

379. Do you use chopsticks here?
두 유 유즈 찹스틱스 히어

380. Would you pass me the salt, please?
우드 유 패쓰 미 더 썰트, 플리즈

381. May I trouble you to pass the salt?
메이 아이 트뤄블 유 투 패쓰 더 썰트

382. Please hurry the orders, won't you?
플리즈 허뤼 디 오더어스, 워운트 유

383. Let's talk over coffee.
렡츠 톡 오버 커피

비즈니스 이메일

Business E-mail

〈비즈니스영어 표현사전〉의 이메일 부분은 실제 무역 현장에서 이메일로 빈번하게 주고 받는 핵심적인 표현들과 모범 이메일 샘플들을 엄선하였습니다.

중요한 비즈니스 실상황에 맞는 적절한 표현이 생각나지 않을 경우 이 부분에 있는 예문들을 선택하여 일부 단어나 문구를 수정하거나 가감하면 멋지고 성공적인 비즈니스 이메일을 자신 있게 작성할 수 있을 것입니다.

Business @

Part 04

자주 쓰이는 비즈니스 이메일 표현

ail Expression

Section Eight
신규 거래처와의 이메일 표현

- On behalf of our company, I am sending this e-mail to you to start business with your company for mutual profits.

  회사를 대표하여 상호 간의 이익을 위해 귀사와 거래를 시작하고자 본 이메일을 보냅니다.

  on behalf of ~를 대신하여, 대표하여 mutual profit 상호 간의 이익

- Please allow me to express our hope of opening an account with you to extend our business domains to China.

  우리 회사의 사업 영역을 중국으로 확장하고자 귀사와의 신규 거래를 희망합니다.

  allow 허락하다, 허가하다 express 표현하다, 나타내다 extend 확장하다, 넓히다. domain 영역, 세력

- Let me introduce our company as the most competitive digital devices manufacturing company in Korea.

  우리 회사는 한국에서 가장 경쟁력 있는 디지털 장비 제조회사라고 소개드릴 수 있습니다.

  competitive 경쟁력 있는 device 장치, 기기

- We are one of the leading exporters of digital devices and are enjoying an excellent reputation through 15 years' business experience.

  우리 회사는 디지털 장비를 수출하는 선두 회사 가운데 하나이며, 15년의 사업경험을 통하여 좋은 평판을 받고 있습니다.

  excellent 우수한, 최고의　reputation 평판, 호평

- Your company has been mentioned by New York Chamber of Commerce and Industry as one of the most reliable firms in the United States.

  귀사가 미국에서 가장 신용 있는 회사 가운데 하나라고 뉴욕 상공회의소로부터 들었습니다.

  Chamber of Commerce and Industry 상공회의소
  reliable 신뢰성 있는, 믿을 수 있는　firm 회사, 기업

- We are convinced that our products would benefit your sales immensely if you purchase them regularly.

  귀사가 우리의 제품들을 정기적으로 구매한다면 귀사의 판매에 상당한 이익을 주리라 확신합니다.

  benefit 이익, 혜택　immensely 무한히, 굉장히　regularly 정기적으로, 일정하게

- If you are interested in our new models, we could submit some of the samples with the reasonable prices to you.

우리의 신규 모델에 관심이 있으시다면, 합리적인 가격과 함께 샘플 몇 개를 보내드리도록 하겠습니다.

submit 제공하다 reasonable 합리적인, 이성적인

- If you want to get more information about our up-to-date products, you can refer to our homepage.

최신 제품에 대한 정보를 더 원하시면 우리 회사의 홈페이지를 참조하시기 바랍니다.

up-to-date 최신의 refer 조회하다, 참조하다

- We are highly proud of our technology, especially the quality of our products shown in our homepage.

우리 회사는 기술력, 특히 홈페이지에 나와 있는 제품들의 품질에 상당한 자부심을 가지고 있습니다.

be proud of 자랑스러운, 자부심을 갖는 technology 기술(력)

- We can offer you sole agency in your market if you place an order regularly.

정기적으로 주문을 하면 귀사에게 독점 대리점의 권한을 드릴 수 있습니다.

sole agency 독점 대리점

- It would be thankful if you could advise us if you have a mind to deal with us.

귀사가 우리 회사와 거래하고 싶은 의향이 있는지 알려주시면 감사하겠습니다.

advise 조언하다, 알리다 whether ~인지 아닌지

- Our company has established an excellent reputation in the electronics industry, mainly due to our whole efforts in R&D.

우리 회사는 연구 개발에 전력적인 노력을 기울인 덕분에 전자 산업 분야에서 탁월한 평판을 얻고 있습니다.

reputation 평판, 호평 due to ~ 덕택에, 때문에 whole 전체의, 전부의
R&D (Research and Development) 연구 개발

- We look forward to developing our relationship not only in your market but in the international market for the mutual benefits.

상호 간의 이익을 위하여 귀사의 시장에서 뿐만 아니라 세계 시장에서 우리의 관계를 발전시킬 수 있기를 고대합니다.

look forward to 학수고대하다, 갈망하다 mutual 상호의 benefit 이익, 혜택

- If our proposal is acceptable to you, please let us know so that we can take follow-up measures for the details.

우리 회사의 제안을 받아들이신다면 자세한 사항들을 위한 조치를 취할 수 있도록 연락해주시기 바랍니다.

acceptable 받아들일 수 있는 follow-up 추후의, 뒤따르는 measure 방법, 조치

- In order to diversify our present market, we are interested in supplying our products to you on good terms and conditions.

현재의 시장을 다변화하기 위해서 귀사에 좋은 조건으로 우리 회사제품을 제공하고자 합니다.

diversify 다변화하다, 다양화하다 terms and conditions 조건

- We would like to import goods which you are now currently manufacturing in your plants.

우리 회사는 귀사의 공장에서 현재 생산 중인 제품들을 수입하고자 합니다.

currently 현재　plant 공장, 공장 시설

- We have heard from the Chamber of Commerce and Industry that you are exporting automatic assembly machinery and equipments. We are specially interested in the automatic industrial robots. Please inform us of your products range and detailed catalogue also with price lists.

상공회의소로부터 귀사가 자동화 조립 기계와 장비들을 수출한다고 들었습니다. 우리는 특별히 자동화 산업용 로봇에 관심이 있습니다. 귀사 제품의 범위와 자세한 카탈로그를 가격 리스트와 함께 알려주시기 바랍니다.

assembly 조립, 집합　machinery 기계류　equipment 장비, 장치
range 범위, 한계

- We have seen your advertisement in Newsweek and should be glad to have your price lists and detailed terms.

  귀사의 광고를 뉴스위크지에서 보았습니다. 가격표와 상세한 조건을 알려주시면 감사하겠습니다.

  advertisement 광고　detailed 자세한　terms 조건

- We are interested in purchasing your new PDA products, and shall be pleased to have your catalogue and price lists.

  귀사의 새로운 PDA 제품 구매에 관심이 있으니 카탈로그와 가격표를 보내주시기 바랍니다.

  PDA (Personal Digital Assistant) 개인 휴대용 정보 단말기

- We are one of the leading manufacturers of constructional machinery and equipments with a business background of 25 years in Korea. For the detail information on our company and products, please refer to our homepage.

  우리 회사는 25년 사업 전통을 가진 한국이 건설 기계류 및 장비 제조업계의 선두회사 가운데 하나입니다. 회사와 제품에 대한 자세한 정보는 홈페이지를 참조하시기 바랍니다.

  constructional 건설의　background 배경　refer 참조하다, 조회하다

- We are a newly rising trading company in Seoul with many branches in the world's major cities and are dealing in a full range of mobile telecommunication machinery with aggressive business activities.

우리 회사는 서울에 있는 신흥 무역회사로서 전세계의 주요 도시에 여러 지점을 두고 있으며 적극적인 사업 활동과 함께 다양한 통신기기를 취급하고 있습니다.

branch 지점, 지부 mobile 이동성이 있는 telecommunication 원거리 통신
aggressive 공격적인, 적극적인

- We are a reliable exporter of drugs and chemicals with 30 years' business experience. We are confident that you will fully satisfied with our way of doing business and the excellent quality of our products once you open an account with us.

우리 회사는 30년의 사업 경험을 가진 신뢰할 수 있는 약품 및 화학제품 수출회사입니다. 일단 우리 회사와 거래를 하시면 우리의 사업 방식과 제품의 뛰어난 품질에 아주 만족해하시리라 확신합니다.

drug 약, 약품 chemicals 화학 제품 confident 확신하는, 자신감 있는

- We have been dealing in all kinds of broadcasting facilities on a large scale and want to know your favorable terms and conditions. If your prices are reasonable and competitive, we will place sufficient orders to introduce your products into our market. We are looking forward to hearing from you soon.

  우리 회사는 모든 종류의 방송 장비를 다량으로 거래하고 있으며 귀사의 유리한 조건들을 알고 싶습니다. 가격이 적절하고 경쟁력이 있다면 귀사의 제품을 다량으로 주문하여 시장에 소개하고자 합니다. 조속한 회답을 기다리겠습니다.

  broadcasting 방송의 facility 시설, 설비 sufficient 충분한, 족한

Section nine
기존 거래처와의 이메일 표현

- We will send you some samples, price lists and full sets of catalogues with promotional literature for you to examine.

  검토를 위해 귀사에 샘플들과 가격 리스트, 그리고 전체 카탈로그와 홍보용 자료들을 보내드리도록 하겠습니다.

  promotional 선전용의, 장려용의　literature 인쇄물, 광고 안내
  examine 시험하다, 검사하다

- We have pleasure to send you full selection of our latest best selling goods by airfreight.

  우리 회사의 가장 잘 팔리는 상품 전체를 항공 화물로 기꺼이 보내드리도록 하겠습니다.

  selection 선발, 선택　airfreight 항공 화물

- As a result of the favorable supply situation, we are able to offer you the following goods next week.

  공급 상황이 좋아져서 다음의 물품들을 다음 주에 보낼 수 있을 것입니다.

  favorable 좋은, 수출 초과의　following 다음의, 그 뒤에 오는

- It's significantly important to have an excellent design as well as good quality to expend your market share here.

  이곳에서 귀사의 시장 점유율을 높이려면 좋은 품질과 함께 훌륭한 디자인이 매우 중요합니다.

  significantly 대단히 중요한 market share 시장 점유율

- We are convinced that at these prices and quality our products are the most competitive items in your domestic market.

  현재 우리 회사의 제품 가격과 품질로는 귀사의 시장에서 최고로 경쟁력 있는 제품들이라고 확신합니다.

  domestic 국내의, 자국의

- As the leading fabric manufacturer, we will be able to secure constant orders even in low-demand seasons.

  우리 회사는 일류 섬유 제조업체로서 비수기에도 지속적인 주문량을 확보할 수 있을 것입니다.

  fabric 섬유, 직물 secure 보증하다, 책임지다 constant 지속적인, 일정한
  low-demand season 비수기

- Looking into your catalogue, we became to be interested in your new models and want to have some samples with detailed price lists.

  귀사의 카탈로그를 자세히 본 후에 귀사의 신규 모델에 관심을 두게 되었으며, 몇 가지 샘플들을 자세한 가격 리스트와 함께 받아보고자 합니다.

  look into 자세히 들여다 보다

- We are very pleased to receive your regular order and to inform that all the items required are in stock.

  귀사의 정기적인 주문을 받게 되어 매우 기쁘며 요청한 모든 제품들의 재고가 확보되어 있음을 알려드립니다.

  regular 정기적인 require 요청하다, 요구하다 stock 재고, 창고

- We have significantly shown a 30% increase in total sales with your products for the last 6 months.

  우리 회사는 지난 6개월 동안 귀사 제품의 전체 매출을 30%나 증가시켰습니다.

  increase 증가, 증대

- Your current price is almost on the same level as those for the new models which have been offered by some Chinese manufactures.

귀사의 가격은 일부 중국 제조업체에게서 제안 받은 신규 모델들의 가격과 거의 같은 수준입니다.

current 현재의 manufacturer 제조업자, 생산자

- All your quotations should be as completely detailed as possible in order to avoid unnecessary further inquiries.

귀사의 모든 견적은 앞으로 불필요한 문의들을 피하기 위해 되도록 상세히 작성되어야 합니다.

quotation 견적 시세 avoid 피하다, 회피하다 unnecessary 불필요한
inquiry 문의, 조회

- We would like to point out that our prices have already been reduced to the lowest possible, and that the same quality is unobtainable anywhere at this price level.

우리는 이미 가능한 최저의 가격으로 인하했으며 이러한 가격수준으로는 어느 곳에서도 이와 같은 품질을 구할 수 없다는 것을 지적하고자 합니다.

point out 지적하다, 명시하다 reduce 줄이다, 축소하다 unobtainable 얻을 수 없는

- **If there is anything further we can assist for you, please do not hesitate to let us know.**

우리 회사가 도와드릴 일이 있다면 언제든지 망설이지 말고 연락주십시오.

further 더욱이, 게다가 assist 돕다, 조력하다 hesitate 망설이다, 주저하다

- **We hear that you have put some new models on the market. We'll be glad to have full details of the models with reasonable prices.**

귀사가 이번에 신규 모델을 출시했다고 들었습니다. 합리적인 가격과 함께 자세한 사항들에 대해 알려주시기 바랍니다.

detail 세부 사항, 세부 항목 reasonable 합리적인, 적당한

- **Please kindly quote us your lowest prices for the new products listed below.**

아래의 신규 제품들에 대한 최저의 가격 견적을 제시해주시기 바랍니다.

quote 견적을 내다 below 아래

- Please let us have new quotation for the regular supply of the goods which we are dealing at the moment.

현재 우리 회사가 취급하는 제품들의 정기적인 공급을 위한 새로운 견적을 받아보고자 합니다.

quotation 견적 시세 deal 다루다, 취급하다

Section Ten
거래처 회신용 이메일 표현

- Well received your email requesting a firm offer with thanks. Please refer to the current price list and the catalogue attached.

  확정 제안을 요구하는 이메일 감사히 잘 받았습니다. 첨부한 최신 가격 리스트와 카탈로그를 확인 바랍니다.

  request 요청하다, 신청하다 firm 확실한, 견고한 attach 첨부하다, 붙이다

- In reply to your inquiry, we are pleased to offer the best terms and conditions possible for the early shipment.

  귀사의 문의에 대한 회신으로 빠른 선적을 위한 가능한 최고의 조건을 제시하고자 합니다.

  reply 답변, 응답 possible 가능한

- We have offered you the very best price with the soonest delivery to meet all your requests.

  귀사의 요구 조건을 충족시키고자 가장 빠른 선적과 함께 최고의 가격을 제시하였습니다.

  soonest 가장 빠른 delivery 납품 meet 만족시키다, 충족시키다

- **Though small in quantity, this is a very important order because it will determine our future policy. We expect you to book this order at once.**

  수량은 적지만 이번 주문은 우리 회사의 장래 정책을 결정하게 될 것이므로 매우 중요한 주문입니다. 이번 주문을 즉시 처리해주시기 바랍니다.

  quantity 수량, 분량　determine 결심하다, 결정하다　policy 정책
  book (화물을) 탁송하다, 약속을 지키다

- **We will be pleased to place another order if you guarantee the quality up to the former shipment.**

  지난 번에 선적된 물품과 같은 품질을 보증한다면 우리는 추가 주문을 하고자 합니다.

  place an order 주문하다　guarantee 보장하다, 보증하다　former 이전의, 앞선

- **We are looking for an agent who is very experienced and reliable in this field.**

  우리는 이 방면에서 매우 경험이 있고 신뢰할 만한 대리점을 구하고 있습니다.

  ook for 찾다, 구하다　agent 대행자, 대리인　experienced 경험 있는
  reliable 신뢰할 수 있는

- As requested, we have decided to appoint you as our sole agency in your local market.

  요청하신 바대로 우리는 귀사를 귀사의 국내 시장에서 독점 대리점으로 지명하기로 결정하였습니다.

  appoint 지명하다, 임명하다 sole agency 독점 대리점

- Our catalogue showing the full range of our products is attached, and all the items in the catalogue are available for delivery at any time.

  우리 회사 전체 제품이 나와 있는 카탈로그를 첨부하였으며 카탈로그의 모든 제품은 언제든지 납품 준비가 되어 있습니다.

  range 범위, 한계 attached 첨부된 available 구입 가능한, 이용할 수 있는

- If your prices are reasonable and the products are competitive enough, we will be able to place large orders.

  가격이 합리적이고 제품들이 충분한 경쟁력이 있으면 우리 회사는 많은 주문을 할 수 있을 겁니다.

  reasonable 합리적인, 적당한 competitive 경쟁력 있는 be able to ~할 수 있는

- Comparing price lists, we found your prices are much higher than those of other competitors. Consequently, it depends on your discount rate whether we make a final order to you or to other manufacturers.

가격을 비교해보니 귀사의 가격이 다른 경쟁사들의 가격보다 훨씬 비싸다는 것을 발견했습니다. 결론적으로 귀사에 최종 주문을 할지 아니면 다른 회사에 할지는 귀사의 가격 인하율에 달렸습니다.

compare 비교하다 **competitor** 경쟁자 **consequently** 결론적으로
depend on ~에 달려있다, 의존하다 **discount rate** 할인율

- As requested, we have decided to meet you halfway by reducing our price to 125 dollars which is in the middle between our quotation and your limited price. We hope you accept our final offer at this price level.

요청한 바와 같이 우리 회사의 견적 가격과 귀사의 제한 가격의 중간인 125 달러로 가격을 낮춤으로 가격을 타협하기로 결정하였습니다. 이 가격선에서 우리의 최종 제안을 받아주시기 바랍니다.

halfway 중간의, 타협하여 **between** 둘 사이의 **limited** 제한된, 한정된

- Our quotation is so attractive and our profit margin is so small that it is impossible for us to make any further discount.

  우리 회사가 제시한 가격이 충분히 매력적이고 우리의 이윤도 매우 적기 때문에 더 이상 가격 인하는 불가능합니다.

  attractive 매력적인 profit 이익 margin 판매 수익 impossible 불가능한

- If your goods are satisfactory in quality and delivery for our trial order, we will be pleased to make repeat orders in the near future.

  시험 주문에 대한 제품의 품질과 납품이 만족스러우면 우리는 곧 계속해서 추가 주문을 할 것입니다.

  goods 물품, 물자 satisfactory 만족스러운 trial 시험, 시도 repeat 되풀이, 반복

- Today, well received your order of May 20 and thank you for your cooperation and assistance in this business.

  오늘 5월 20일 자 주문을 잘 받았으며 이번 사업에의 협조와 도움에 감사를 드립니다.

  cooperation 협조, 제휴 assistance 도움, 조력

- We are very pleased to receive your firm order and promise that we will give your order with our best attention.

  귀사의 확정 주문을 받게 되어 매우 기쁘게 생각하며 귀사의 주문을 최선을 다해 처리할 것을 약속드립니다.

  receive 받다 promise 약속하다 attention 주의, 유의

- We requested you to inform us when the products ordered last month would be ready for shipment. We are in a hurry now.

  지난 달에 주문한 제품들이 언제 선적되는지를 알려달라고 요청을 드렸습니다. 우리는 지금 급합니다.

  inform 알리다, 통보하다 in a hurry 바쁜, 위급한

- The goods for your last order will be shipped no later than this weekend. Therefore, we would like to ask you to let us know your requirement for next order as soon as possible.

  지난 주문에 따른 제품들이 이번 주말 이전에 선적될 예정입니다. 따라서 다음 번 주문에 대한 귀사의 요구 사항을 가급적 빨리 알려주시기 바랍니다.

  no later than ~이전에 requirement 요구사항, 요청사항

- Please find our new order sheet attached. As all the goods are for a department store, please carefully inspect the quality before shipment and send us the shipping documents upon completion of our orders.

첨부한 새로운 주문서를 확인 바랍니다. 모든 제품들이 백화점용이기 때문에 선적 전에 품질을 자세히 검사해주시기 바라며, 작업이 완료되면 알려주시고 선적서류도 함께 보내주시기 바랍니다.

order sheet 주문서 department store 백화점 inspect 검사하다, 검수하다
completion 완성, 완결

- We deeply regret that we can not execute your order right away because we are out of stock now, and we are afraid that we can not guarantee the delivery within the date stipulated due to the rush at the factory.

우리 회사는 현재 재고가 없어서 귀사의 주문을 당장 이행할 수가 없으며, 공장도 매우 바빠서 지정한 날짜 안에 선적을 보장할 수도 없을 것 같아 정말 유감입니다.

execute 실행하다, 실시하다 out of stock 재고가 없는 afraid 염려스러운, 유감인
stipulate 약정하다, 요구하다

- It is our pleasure to have an opportunity of supplying our products to you and we are sure that you will be satisfied with our high quality and early delivery.

귀사에 저희 제품을 공급할 기회를 가지게 되어 매우 기쁘게 생각하며 우리의 좋은 품질과 신속한 납품에 만족하시리라 확신합니다.

opportunity 기회 be satisfied with ~에 만족한

- As you requested, we are preparing for shipment of the goods on CKD base. And we would like to ask you to establish an irrevocable letter of credit in our favor valid by the end of July.

귀사가 요구한 바와 같이 현재 제품들을 CKD 방식으로 선적하기 위한 준비를 하고 있습니다. 아울러, 7월 말까지 유효한 취소불능 신용장을 우리 회사를 수익자로 하여 개설해 주시기를 요청합니다.

CKD (Completely Knock Down) 완전 부품으로 제공
irrevocable 취소 불가능한
letter of credit 신용장
valid 유효한, 타당한

- When you open the letter of credit next time, please give us 45 days from the opening date to have sufficient time to arrange shipping date before the expiry date.

이후에 신용장을 개설할 때에는 신용장 만료일 이전에 선적 일자를 조절하기 위한 충분한 시간을 가질 수 있도록 신용장 개설일로부터 45일을 허용해주시기 바랍니다.

sufficient 충분한, 넉넉한 expiry 종료, 만기

Section Eleven
문제 해결을 위한 이메일 표현

- We are really sorry for the trouble that the old models have been mixed up with new models in your last order.

  귀사의 지난 번 주문에 기존의 모델이 신규 모델과 섞인 문제로 말미암아 정말 죄송하게 생각합니다.

  trouble 문제, 어려움 **mixed up** 섞인, 잡다한

- In these circumstances, we have regretfully to comply with the cancellation of all the new orders.

  이러한 상황에서는 유감스럽지만 우리의 모든 신규 주문을 취소해야겠습니다.

  circumstance 상황, 환경 **regretfully** 유감으로 생각하는, 후회스러운
  cancellation 취소

- As you see in our inspection report, more than half of the goods are severely damaged and we are not able to sell them in the market.

  우리 회사의 조사 보고서에 나타난 바와 같이 절반 이상의 물품들이 심각하게 파손되어 시장에서 판매할 수가 없습니다.

  inspection 검사, 조사 **damage** 손해, 파손

- Unfortunately, most of the production lines of our factory have been held up for a about a month due to the strike of the manufacturing workers.

  불행히도 우리 공장의 대부분의 생산 라인이 직원들의 파업으로 말미암아 한 달 가까이 가동이 중단되어 오고 있습니다.

  due to ~때문에 strike 파업, 노동 쟁의

- We regret to inform you that the quality of the products which we have just received is inferior to the original samples.

  이제 막 받아본 제품들의 품질이 원래 샘플들의 품질에 미치지 못한다는 사실을 알려드리게 되어 유감입니다.

  inferior 열등한, 불량인 original 본래의, 고유의

- Upon unpacking the boxes, we found that the goods are much inferior in quality to the previous samples and a little damaged.

  제품의 박스를 열어보니 우리 회사의 견본 제품보다 품질이 많이 떨어지며 약간의 파손도 있음을 발견하였습니다.

  unpack 포장을 뜯다 previous 이전의, 앞선

- We regret to have to point out that a shortage in quantity of 150 pcs was noticed when the goods arrived at the port.

유감스럽지만 물품들이 항구에 도착했을 때 150개가 부족한 사실을 발견하게 되어 지적하고자 합니다.

point out 지적하다 **shortage** 부족, 모자람 **arrive** 도착하다

- To put your claim right, we have just shipped replacements for all the items you found unsatisfactory.

귀사의 클레임을 해결하기 위해 귀사가 만족하지 못하는 모든 제품의 대체품을 바로 직전에 선적 완료하였습니다.

claim 배상 요구, 청구 **replacement** 교체, 대체 **unsatisfactory** 불만족스러운

- The delay of shipment was caused by the belated arrival of some of the raw materials.

선적의 지연은 일부 원자재가 늦게 도착한 것이 원인입니다.

cause 야기하다, 원인이 되다 **belated** 늦은 **raw** 가공되지 않은, 원료 그대로의

- Please accept our apology for the inconvenience we have caused you, and let us know how we can make up for your loss.

우리 회사가 귀사에 끼친 불편에 대한 사과를 받아주시기 바라며 귀사의 손실을 어떻게 보전할 수 있을지 알려주시기 바랍니다.

apology 사과 make up 보충하다, 보전하다 loss 손실, 잃어버림

- We are very sorry to have kept you waiting, but please understand that we have no intention to delay our payment purposely.

오래 기다리게 해서 죄송합니다만, 일부러 대금 지급을 지연시키려 하지는 않았다는 것을 알아주시기 바랍니다.

intention 의도 purposely 일부러, 고의로

- If you find any damage, you must transmit the relevant information within 15 days of receiving the products in the port.

만약 귀사가 손실을 발견하면 제품이 항구에 도착한 날로부터 15일 이내에 관련 자료를 보내야만 합니다.

transmit 보내다, 발송하다 relevant 관련한, 적절한

- Well noticed your complaint about the inferior goods. It will be helpful if you send us the cuttings of the inferior goods to find the best solution.

불량 제품에 대한 불만사항을 잘 알았습니다. 최선의 해결책을 찾기 위해 불량 견본을 저희에게 보내주시면 도움이 될 것입니다.

complaint 불평, 불만 cutting 일부 떼어낸 것 solution 해결책

- We admit that some of the inferior goods were shipped owing to the mistake of our inspector. He must have missed some tests while pretesting the goods.

말미암아 검사를 하면서 몇몇 테스트를 빠뜨린 것 같습니다.

admit 인정하다, 받아들이다 owing to ~때문에 mistake 실수 pretest 예비 검사하다

- We are really sorry to be unable to meet the shipping date, but it was an irresistible force and not caused by our faults.

선적 일정을 맞추지 못해 대단히 죄송합니다만, 이번 일은 불가항력이었으며 우리 회사의 잘못 때문은 아닙니다.

irresistible 저항할 수 없는, 불가항력의 force 힘, 세력 fault 실수, 잘못

- We have decided to meet you halfway by asking for a special discount of 5% off the invoice amount. We propose that you approve this reasonable settlement right away for our mutual benefit in the future business.

우리 회사는 귀사와 타협하기 위해 송장 금액의 5% 할인을 요구하기로 결정하였습니다. 향후 거래에서의 상호 이익을 위하여 이와 같은 합리적인 해결책을 즉시로 승인해주시기를 제안합니다.

approve 승인하다, 찬성하다 settlement 해결, 화해 mutual benefit 상호 이익, 수익

- We are very sorry for all the inconvenience you may have suffered as a result of our mistakes. We would like to inform you that all kinds of necessary measures have been taken to prevent a recurrence of such mistakes.

우리의 실수로 말미암아귀사가 겪었을 불편에 대해 진심으로 죄송스럽게 생각합니다. 이러한 실수의 재발을 막기 위해 모든 필요한 조치를 취했음을 알려드립니다.

suffer 고생하다, 고통을 감내하다 measures 조치, 방책 prevent 막다, 방해하다
recurrence 재발, 재현

Business @-

Section 12 핵심 상황별 비즈니스 이메일 표현

Part 05

핵심 상황별 비즈니스 이메일 표현

ail Expression

가격인하 2
가격인하 3
가격 조건 1
가격 조건 2
가격 협상 1
가격 협상 2
가격 협상 3
가격 협상 4
가격 협상 5
주문 상황
조건 수락
조건 확인
첫 주문
추가 주문
정식 계약
계약서 작성
신용장 1
신용장 2
신용장 3
신용장 4
선적 서류
선적 방법
선적 일정 1
선적 일정 2
선적 일정 3
운송회사 선정
직항 노선
선적 지연
고객 클레임 1
고객 클레임 2
클레임 해결 1
클레임 해결 2

12 Section Twelve
핵심 상황별 비즈니스 이메일 표현

● 회사 소개 1

We are one of the largest manufacturers in Korea producing all kinds of peripherals including CRT and LCD monitors using our latest computerized manufacturing facilities.

우리 회사는 최신 컴퓨터 설비를 사용하여 CRT와 LCD 모니터를 포함한 모든 종류의 컴퓨터 주변기기를 생산하는 한국에서 가장 큰 제조업체 가운데 하나입니다.

manufacturer 제조업자 peripheral 주변의, 주변장치 facility 시설, 설비
CRT (Cathode-Ray Tube) 음극선관 LCD (Liquid Crystal Display) 액정표시기

● 회사 소개 2

We are the largest electronic appliances export trading company in Korea and have offices or representatives in all the major cities through the world. We have been exporting a number of electronic items to Europe and the United States.

우리 회사는 한국에서 가장 큰 전자제품 수출 무역회사로서 세계의 모든 주요 도시에 사무실이나 대행 영업소가 있습니다. 우리는 이미 유럽과 미국에 많은 전자 제품을 수출하고 있습니다.

export trading 수출 무역 electronic appliance 전자 제품
representative 대표자, 대리인 major 주요한, 중요한

● 회사 소개 3

We have been doing our business only with all kinds of peripheral devices for the last 10 years. And now, we are one of the best specialists in dealing with the products not only in Korea but also in Asia and the United States.

우리 회사는 지난 10년 동안 오직 컴퓨터 주변기기만을 취급해왔습니다. 그래서 지금 우리는 컴퓨터 주변기기 제품에서는 한국에서뿐만 아니라 아시아와 미국에서 최고의 전문기업으로 인정받고 있습니다.

specialist 전문가 **device** 장치, 설비

● 회사 소개 4

We produce a lot of peripheral units such as speakers and keyboards. These products have been exported mainly to Asian countries for 10 years. And we have gained a good credibility from our overseas agents in Europe for their fine quality and unbeatable prices compared with those of our competitors.

우리 회사는 스피커나 키보드 같은 여러 가지의 컴퓨터 주변기기들을 생산하고 있습니다. 이 제품들은 지난 10년 동안 주로 아시아 국가들로 수출되었습니다. 그리고 경쟁사들에 비할 수 없는 최고의 품질과 가격으로 유럽의 여러 대행업체로부터도 좋은 신임을 얻고 있습니다.

gain 얻다, 획득하다 **credibility** 신용, 신뢰성 **overseas** 해외의, 대외의
agent 대행인, 대리인설비 **unbeatable** 겨룰 수 없는, 탁월한
competitor 경쟁상대

● 수출 실적 소개

Currently, we are exporting to the Middle East and Europe as well. Last year we brought a turnover of about 50 million dollars including 30 million dollars in export performance.

최근 우리 회사는 중동과 유럽에 수출을 시작했습니다. 작년에는 3천만 달러의 수출을 포함하여 5천만 달러의 매출을 올렸습니다.

currently 현재, 최근에 Middle East 중동
turnover 매출, 거래총액 performance 실행, 실적

● 생산 능력 소개

Established in 1985, we continue to export many kinds of electronic parts and we also build a full line of products as well. The monthly production capacity of electronic parts is about 100,000 sets.

1985년에 설립된 우리 회사는 많은 종류의 전자부품을 수출하고 완제품들을 조립하기도 합니다. 월간 전자부품 생산량은 약 10만 세트 정도입니다.

establish 설립하다, 세우다 capacity 최대 용량, 능력

● 거래 요청 – 1

We are all anxious to do business with you at this juncture of extending our current business activities into European markets including your country.

현재 귀국을 포함한 유럽 시장에서 사업을 확장하고자 하는 것을 계기로 귀사와의 거래를 희망하고 있습니다.

anxious 열망하는, 희망하는 juncture 중요한 때, 정세 extend 확장하다, 넓히다

● 거래 요청 – 2

We specialize in all kinds of display products including CRT and LCD monitors. Now we would like to extend our business territory to China and Southeast Asia with our quality-verified products.

우리 회사는 CRT와 LCD 모니터를 포함한 모든 종류의 디스플레이 제품 전문업체로서 우리의 품질이 입증된 제품을 가지고 중국과 동남아 시장으로 사업영역을 넓히려고 합니다.

specialize 전공하다, 전문으로 다루다 territory 영역, 세력권 quality 품질
verify 입증하다, 증빙하다

거래 요청 – 3

The Society of Trade Associations introduced your company to us as a possible importer of computer parts. They said that your company is one of the best computer dealing companies in the Unites States.

무역협회가 귀사를 컴퓨터 부품 수입업체로서 우리 회사에 소개를 해주었습니다. 그들은 당신 회사가 미국에서 컴퓨터를 취급하는 최고의 회사 가운데 하나라고 했습니다.

society 협회, 단체 importer 수입업자 deal 다루다, 거래하다

회사 재정 상태

Our financial status is very sound. We have met our obligations promptly and punctually. We can say that you do not have to worry about our business ability actually. If you want, you can check our credit reference.

우리 회사의 재정 상태는 매우 건전합니다. 우리는 대금지급 의무를 신속하고 정확하게 이행했습니다. 우리 회사의 사업 능력에 대해서는 걱정하실 필요가 전혀 없습니다. 원하시면 신용조회를 해보시기 바랍니다.

financial status 재정 상태 obligation 의무, 책임 promptly 신속하게, 재빠르게
punctually 시간을 엄수하는, 정확한 ability 능력 credit reference 신용 조회

신용 조회 – 1

As this is the first transaction with you, will you kindly send us the names of companies or a bank which reference can be made?

이번이 귀사와의 첫 번째 거래이므로 신용조회를 할 수 있는 회사들이나 은행을 알려주시겠습니까?

transaction 거래, 처리

신용 조회 – 2

I agree that the credit reference is very important to do some kinds of actual deals, specially for the first transaction. We suggest you to contact HSBC Bank that will provide you with our bank reference.

실제 거래에서, 특히 첫 거래에는 신용조회가 매우 중요하다는 것에 동의합니다. 우리 회사의 신용정보를 제공할 은행으로 HSBC 은행을 제안합니다.

agree 동의하다
contact 접촉하다, 연락하다
provide 제공하다, 공급하다

회사 방문 요청

I'd like to invite you to visit Korea and to see the full range of the products in our factory so that you might get more in-depth information especially on LCD monitors.

귀하께서 우리 회사의 공장에서 생산되는 모든 제품들을 보고 특별히 LCD 모니터에 대한 좀 더 구체적인 정보를 얻을 수 있도록 귀하를 한국에 초대하고 싶습니다.

invite 초대하다 range 범위, 한도 factory 공장 information 정보

제품 소개

We are sure that our products will be just what you were looking for. They are outstanding compared with the competitors in quality and design as well.

우리 회사 제품은 바로 귀사가 찾던 그러한 제품이라고 확신합니다. 우리 제품들은 경쟁사들과 비교해서 품질과 디자인 모두에서 월등합니다.

look for 찾다 outstanding 월등한, 현저한 compare 비교하다

● 신제품 소개

As the result of our foray into new designs, we have not only produced distinct computer monitors based on our technical developments and know-how but also come up with an excellent design.

우리 회사는 기술 발전과 노하우를 바탕으로 선명한 컴퓨터 모니터뿐만 아니라 새로운 디자인 개발에 많은 노력을 기울인 결과 훌륭한 디자인을 개발해 왔습니다.

result 결과, 성과 foray 진출 distinct 구별되는, 뚜렷한 technical 기술적인

● 신제품 정보 제공

As you can see, most of the buyers like to keep the up-to-date information about our products. So, we upgrade our homepage every week with new information as well as new products.

대부분의 바이어들은 우리의 제품에 대한 최신 정보를 얻고자 합니다. 그래서 우리는 우리 회사의 홈페이지를 매주 새로운 제품과 제품 정보로 갱신합니다.

up-to-date 최신의 upgrade 질을 높이다, 향상시키다

● 제품 전시회 - 1

I saw the new models at the CeBIT in Hannover, Germany. They seemed to be good in designs and shapes. Can you explain more in detail about the quality of the models?

독일 하노버에서 열린 세빗 전시회에서 새로운 모델들을 보았습니다. 디자인과 모양이 매우 좋아 보였습니다. 그 모델들의 품질에 대해서 좀 더 자세히 설명해주시겠습니까?

CeBit (독일)하노버 전자제품 전시회 **shape** 외형, 모양 **explain** 설명하다
detail 세부 사항, 상세

● 제품 전시회 - 2

We had planned to exhibit KD-1700 at the COMDEX to be held in Las Vegas next month, but now we'd really like to display the new model of KD-1900 instead.

우리는 다음 달에 라스베가스에서 열리는 컴덱스에서 KD-1700을 전시하려고 계획했었으나 지금 우리의 계획은 새로운 모델인 KD-1900을 대신 전시하고자 합니다.

exhibit 전시하다 **COMDEX** (미국)라스베가스 전자제품 전시회 **instead** 그 대신에

제품 설명

I am sure this MP3 player is really good, not only for all the functions, but also for the quality of sound when connected to a speaker. At the same time, our design is so unique and elegant that young people are much fond of it.

이 엠피쓰리 플레이어는 기능뿐만 아니라 스피커에 연결했을 때 음질도 매우 뛰어납니다. 또한 우리 제품의 디자인은 매우 독특하면서도 고상하여 특히 젊은이들이 매우 좋아합니다.

function 기능, 역할 unique 독특한, 유일무이한 elegant 고상한, 세련된
be fond of 선호하는

제품 신뢰도

We bet that our products are the best to be found anywhere, especially when you consider quality, design and reliability.

귀사가 품질과 디자인 그리고 신뢰도를 고려하신다면 어느 곳에서든 우리의 제품들이 최고라고 자부합니다.

bet 장담하다, 보증하다 consider 고려하다, 심사숙고하다 reliability 신뢰도, 신빙성

견적 및 샘플 요청

We would appreciate receiving your lowest FOB Pusan with the earliest delivery schedule. Especially we would like to have the sample components with computers, X2800, X3600.

우리 회사는 가장 빠른 납품 일정과 함께 최저의 FOB 부산 견적을 받아보고 싶습니다. 특별히 X2800, X3600 컴퓨터와 함께 샘플 부품들을 받아보기를 원합니다.

appreciate 감사하다 lowest 가장 낮은
FOB (Free On Board) 제품을 배에 싣기까지의 비용만 부담
delivery 납품, 인도 component 부품, 성분

서류 발송

We'll send you by e-mail the shipping period, the letter of credit, the exhibition plan, the transportation and freight charges as well as other detailed order information as soon as possible.

자세한 주문 사항과 함께 선적 기간, 신용장, 전시회 계획, 운송비 등의 모든 내용을 이메일로 바로 보내드리도록 하겠습니다.

shipping period 선적 기간 letter of credit L/C) 신용장
transportation 운송, 수송 freight charge 화물운송 비용

시장 조사

We would better get some sample models first and let our customers see if they are all right with them in the international computer fair.

우선 샘플 모델들을 가지고 국제 컴퓨터 박람회에서 우리 회사 고객들이 이들 제품에 만족하는지를 알아보도록 하는 것이 좋을 듯합니다.

customer 고객 international 국제적인 fair 박람회, 전시회

생산 원가 절감

Needless to say about quality and design, one of the most important points in the highly competitive field of computer peripheral devices is to keep manufacturing costs down.

제품 품질과 디자인은 말할 필요도 없이 경쟁이 매우 심한 컴퓨터 주변기기 분야에서 가장 중요한 경쟁 요소 중의 하나는 생산 비용을 낮추는 것입니다.

needless 필요 없는 competitive 경쟁의, 경쟁력 있는 cost 비용

● 제품 공급 방식

We can not only sell the completed products but also provide these kinds of electronic products by the unit under SKD or CKD base according to the conditions.

우리 회사는 완제품을 팔 뿐만 아니라 이러한 종류의 전기 제품들은 조건에 따라 SKC 혹은 CKD 방식으로도 공급하고 있습니다.

SKD (Semi Knock Down) 반제품으로 제공
CKD (Completely Knock Down) 완전 부품으로 제공
according to ~에 따르면 condition 조건, 상황

● 재고 문의

I'd like to ask you to let me know whether or not you carry the 19" LCD monitor KLC-1900 at your facility. If so, please inform me of the quantity of the model you have.

귀사의 공장에 19인치 LCD 모니터 KLC-1900 모니터 재고가 있는지, 만약 있다면 해당 모델의 재고를 얼마나 가지고 있는지 알려주시기 바랍니다.

whether ~인지 아닌지 carry 취급하다, 다루다 facility 공장, 시설
quantity 수량, 용량

품질 관리

Our main policy is very strict with regards to maintaining a high level of total quality control standards. Nothing leaves our plant unless it is pretested.

높은 수준의 품질관리 기준을 유지하는 것과 관련한 우리 회사의 주요 정책은 매우 엄격합니다. 예비 테스트를 거치지 않으면 결코 공장에서 출고되지 못합니다.

policy 정책 regard ~와 관련하여 maintain 유지하다 standard 표준, 기준
leave 떠나다 unless ~하지 않으면 pretest 예비검사하다

제품 품질

The present product is multi-purpose type with the highest technical development and very economical. It has also passed quality test after test run by our engineers.

본 제품은 최고의 기술 개발로 생산된 다목적형으로서 가격도 매우 경제적입니다. 또한 우리 회사 엔지니어들이 여러 차례 실시한 품질 테스트를 통과한 제품입니다.

present 현재의, 여기있는 multi-purpose 다목적 run 실행하다, 운영하다

● 시장 반응

There is a great market demand for your newly developed model. Recently, there has been a rush of orders for our all-in-one PC, KS-330 in our local market.

귀사의 최신 모델의 시장 수요는 대단합니다. 최근에는 일체형 PC인 KS-330이 국내 시장에서 주문이 쇄도하고 있습니다.

demand 수요, 요구 rush 쇄도, 붐빔 order 주문
all-in-one 일체형의 하나에 다 들어있는 local 지역의, 국내의

● 첫 거래 가격 제시

It comes to about 35 dollars per unit. In this case, we will give you a special discount since this is our first transaction with you. We hope you would accept it.

가격은 대당 35달러 정도입니다. 이번이 귀사와의 첫 거래이므로 특별히 할인된 가격으로 드리겠습니다. 이 제안을 받아들이시기를 바랍니다.

discount 할인, 가격 인하 accept 받아들이다

가격 경쟁력

Your present prices actually are not competitive in this market. Therefore, we are not able to place sufficient orders with you at this time, even though we are favorably impressed with your samples.

사실상 귀사가 제시한 현재 가격은 시장 경쟁력이 없습니다. 따라서 샘플들은 매우 만족스럽습니다만, 이번에는 많은 양을 주문할 수가 없을 것 같습니다.

sufficient 충분한, 만족한 place an order 주문하다
favorably 유망하게, 때맞춰 알맞게 impress 감동을 주다

가격인하 – 1

Frankly speaking, the alternative is for you to adjust your prices by reducing them by 5%, in which case we should be pleased to place our order for 3,000 units.

솔직히 말씀드리면, 대안은 귀사가 가격을 5% 인하해서 조정해준다면 우리는 기꺼이 3,000대를 주문할 것입니다.

alternative 대안, 다른 방도 adjust 맞추다, 조정하다 reduce 감하다, 축소하다

가격인하 – 2

As it is our first deal with you and in order to extend our market to your country through your company, we would like to offer a special discount of 10% off the invoice amount.

이번이 귀사와 첫 번째 거래이고 또 귀사를 통해 우리의 시장을 확대하기 위하여 송장 금액의 10% 인하된 특별한 가격으로 제시해드리겠습니다.

in order to ~하기 위하여 invoice 송장 amount 금액, 총액

가격인하 – 3

We must point out that our price lists have already been cut to the minimum possible, and that our products are unobtainable elsewhere at our rates. We would, however, be pleased to allow you the requested 10% discount if you care to raise your first order to 5,000 pieces.

현재 가격은 이미 가능한 최저 수준으로 인하한 것임을 밝히며, 우리의 제품들은 이 가격으로는 어디에서도 구입할 수 없음을 말씀드립니다. 그러나 만약 귀사가 첫 주문을 5,000개로 늘린다면 귀하가 요구한 10% 인하를 기꺼이 수용할 것입니다.

minimum 최소의, 극소의 unobtainable 얻기 어려운 rate 비율, 가격, 요건
allow 허용하다, 허락하다 request 요청하다 discount 가격인하, 할인
raise 올리다

가격 조건 – 1

According to our price negotiation, one unit will come to 250 dollars FOB Pusan, and we think that we have reduced our prices to the lowest possible point.

가격 협상에 따라 대당 FOB 부산항 가격은 250 달러이며, 이 가격은 우리가 제공할 수 있는 최저로 낮춘 가격입니다.

negotiation 협상, 절충

가격 조건 – 2

There are too many companies that handle these kinds of products with the most reasonable prices here in our local market. So could you give me your terms of payment on a FOB or CIF with 10,000 pcs as an initial order?

이곳 시장에는 이러한 제품들은 아주 싼 가격에 취급하는 많은 회사가 있습니다. 따라서 초기 주문으로 10,000개 제품의 FOB 또는 CIF 결제 조건을 제시해 주시겠습니까?

handle 다루다, 취급하다 reasonable 이치에 맞는, 온당한 terms 조건, 약정
CIF (Cost, Insurance, and Freight) 운임과 보험료가 포함된 비용을 부담
initial 초기의, 처음의

가격 협상 – 1

Please inform me of the most reasonable bottom price that you can accept. Frankly speaking, this is the first time that we have ever discounted 10% off an invoice amount.

귀사가 수용할 수 있는 최저 가격을 알려주시기 바랍니다. 솔직히 송장 금액에서 10% 가격 인하는 처음입니다.

bottom 바닥의, 최저의

가격 협상 – 2

In fact, the present price that you offered is really out of question. As mentioned earlier, ours is actually a reasonable price at the current market rate regardless of the quality.

사실상 귀사가 제시한 가격은 정말 받아들일 수가 없습니다. 이전에 말씀드린 바와 같이 우리 회사의 가격은 품질과 상관없이 현재 시장에서 매우 납득할 만한 가격입니다.

out of question 논의할 여지가 없는 mention 언급하다
regardless 상관하지 않는, 개념치 않는

가격 협상 - 3

Can you cut your price down to 35 dollars per unit? Then we will guarantee our repeat orders. We can also leave a room to negotiate the price once again next year.

(가격을) 대당 35달러로 낮춰주실 수는 없겠습니까? 그러면 우리는 지속적인 주문을 보장할 수 있을 것입니다. 아울러 내년에 다시 가격을 협상할 수도 있습니다.

guarantee 보증하다, 보장하다 repeat 반복적인 room 여지, 공간
negotiate 협상하다, 교섭하다

가격 협상 - 4

To get the successful result, I think that we could agree to a 5% discount off the total amount in order to meet you halfway on this deal. Would you accept our special offer?

(이 거래의) 성공적인 결과를 위한 제 생각은 이 거래에서 서로 조금씩 양보하여 전체 금액에서 5%를 인하하는 것입니다. 우리의 특별 제안을 받아들이시겠습니까?

successful 성공적인 halfway 도중에, 타협하여 offer 제안, 매매 제의

가격 협상 – 5

We'd like to ask you to come down the prices for the printed circuit board, PCB 320 to 12 dollars CIF London. This is our final offer and you should ship the products not in May but in April at latest.

우리는 귀사가 PCB 320 제품을 CIF London 조건으로 대당 12달러로 인하해주시기를 요청합니다. 이것이 우리 회사의 최종 제안 사항이며 선적은 5월이 아니라 늦어도 4월에 해주셔야 합니다.

PCB (Printed Circuit Board) 인쇄 회로 기판 **latest** 최근의, 최신의

주문 상황

I would like to add that another large distributor in China has already placed an order of 2,000 units due to the rush demand in the market, and we also have orders pending for 3,000 units more.

중국의 또 다른 큰 업체가 시장에서의 쇄도하는 수요로 말미암아 이미 2,000대를 주문하였으며, 우리는 또한 3,000대의 주문을 받아놓았다는 것을 부언하고자 합니다.

add 더하다, 덧붙여 말하다 **pending** 미정의, 심리중인

조건 수락

Nothing we can do about it but to accept your final offer. Instead, make sure that you have to maintain the quality and guarantee a prompt delivery.

귀사의 최종 제안을 받아들이는 수밖에 다른 도리가 없을 것 같습니다. 대신에 품질과 신속한 납품을 보장해야만 합니다.

maintain 유지하다, 지속하다 prompt 신속한, 기민한

조건 확인

Firstly, the price for MT-3080 you have offered is 750 dollars per unit CIF Long Beach. Secondly, the delivery you have quoted is at the end of May in this year. Thirdly, the packing should be waterproof as requested.

첫째로, 귀사가 제안한 MT-3080 가격은 대당 750달러이며 CIF 롱비치 가격입니다. 둘째로, 귀사가 제시한 납품 기간은 올해 5월 말입니다. 셋째로, 포장은 요청한 바와 같이 방수포장이어야 합니다.

quote 인용하다, 시세를 부르다 packing 포장 waterproof 방수의

● **첫 주문**

We'd like to place an order for about 1,000 units as a starting stage to get this negotiation rolling. And if the demand is strong, we'll gradually increase our order according to the market situation.

우리는 협상의 진행을 위해 시작 단계로 1,000대를 주문하고자 합니다. 그리고 시장의 수요가 더욱 많아지면 시장 상황에 따라 주문량을 점차 늘리겠습니다.

stage 단계, 시기 **rolling** 구르는, 회전하는 **gradually** 점차로, 점진적으로
ncrease 늘리다, 증진시키다

● **추가 주문**

We are going to place an additional order for SP320 PCB products and will make regular orders on a quarter base if everything is going on well in the near future.

SP320 PCB 제품에 대한 추가 주문을 할 예정이며 모든 일이 잘 되면 빠른 시일 내에 매 분기별로 정규주문을 하도록 하겠습니다.

additional 추가적인 **regular** 정기적인 **quarter** 분기

정식 계약

Considering the mutual business relations in the future, we will accept your firm offer as an official contract this time. We will issue a letter of credit right away through the bank and our formal contract will be sent to you right after we complete it.

향후 양사의 비즈니스 관계를 고려하여 귀사의 확정 제안을 공식적인 계약으로 받아들이도록 하겠습니다. 즉시 은행을 통해서 신용장을 개설하고 우리의 공식적인 계약서가 완료되는 대로 바로 발송해드리도록 하겠습니다.

mutual 상호의, 쌍방의 relation 관계 official 공식적인 issue 발행하다
formal 형식적인

계약서 작성

Finally, we have come to some sort of conclusion on all the terms and conditions. Since everything is set up, please make up a contract in accordance with all the details we have agreed and sent a copy of it with your signature on it.

마침내 모든 조건들에 합의를 이루게 되었습니다. 모든 것이 정리되었으니 양사가 동의한 세부 내역에 일치하게 계약서를 작성하신 후 사본에 서명을 하여 보내주시기 바랍니다.

conclusion 결론 in accordance with ~와 일치하여 signature 서명

신용장 – 1

We believe your credibility and reputation, but doing business only by confirmed letter of credit base is our company's regulation.

귀사의 신뢰도와 평판을 믿습니다만 확인 신용장을 근거로 거래를 하는 것이 우리 회사의 규정입니다.

credibility 신용, 신뢰성 **reputation** 평판, 신망 **regulation** 규율, 규정

신용장 – 2

We opened a letter of credit through the Bank of America in Hong Kong and the advising bank, the Bank of Korea will have a right to honor the draft drawn by you.

홍콩에 있는 BOA 은행을 통해 신용장을 개설하였으며 통지은행인 한국은행이 귀사가 발행한 환어음에 대해 지급을 할 것입니다.

right 권리 **honor** 지급하다, 어음을 인수하다 **draft** 환어음, 지급 명령서

신용장 – 3

City Bank in Seoul will confirm it and you will receive an irrevocable letter of credit right away through the bank

신용장은 서울에 있는 시티은행에서 확인될 것이고 그 은행을 통해 취소불능 신용장을 바로 받으실 수 있습니다.

confirm 확증하다, 확인하다 **irrevocable** 취소할 수 없는

신용장 – 4

The Bank of America will instruct us to get the letter of credit upon arrival. We will also do our best to arrange the early shipment of products as soon as we get it.

BOA 은행은 신용장이 도착하는 대로 우리가 찾아가도록 알려줄 것입니다. 우리는 신용장을 받자마자 제품의 빠른 선적을 위해 최선을 다할 것입니다.

instruct 알리다, 통지하다 arrange 정리하다, 조정하다

선적 서류

The shipping documents should be appropriately prepared to include a full set of on board Bill of Landing, Commercial Invoice, Packing List and Certificate of Origin.

선적 서류로는 선하증권, 상업송장, 물품 리스트, 원산지 증명서를 모두 첨부해야 합니다.

Bill of Landing (B/L) 선하증권 Commercial Invoice 상업송장 Packing List 포장 물품 리스트 Certificate of Origin 원산지 증명서

선적 방법

We have to send them by air to meet your delivery time because they are not FCL base. You should pay airfreight charge in this case.

풀 컨테이너 방식이 아니므로 인도일을 맞추기 위해서는 항공 화물로 보내야 합니다. 이 경우 항공 운임은 귀사가 지불해야 합니다.

FCL (Full Container Load) 한 개의 컨테이너를 다 사용하여 선적 airfreight 항공 화물 charge 비용

선적 일정 – 1

Please remember that on-time delivery is definitely important in this business. There have occasionally been cancellations simply because of delays in shipment, even after a contract was made.

일정에 맞추어 납품하는 것이 이번 거래에서 무척이나 중요하다는 것을 명심하시기 바랍니다. 계약이 잘 이루어진 후에도 단순히 선적지연으로 인해 계약이 취소된 경우가 가끔 있었습니다.

definitely 명확히, 틀림없이 occasionally 때때로의, 이따금씩의 cancellation 취소 delay 지연, 연기

● 선적 일정 – 2

Please make sure that you have to keep your delivery schedule in order to meet the high-demand season in the market. We sometimes had problems owing to the delay of shipment.

시장 성수기에 맞추어야 하므로 납품일은 반드시 지켜주시기 바랍니다. 가끔 선적지연 때문에 문제를 겪은 적이 있었습니다.

high-demand season 성수기 owing to ~ 때문에

● 선적 일정– 3

Regarding the shipping request, we will instruct the opening bank to establish a letter of credit. And please let us know the shipping schedule including ETD and ETA.

선적 요청과 관련하여 개설 은행에 신용장을 개설하도록 지시하겠습니다. 예상 출발일과 도착일을 포함한 선적 스케줄을 알려주시기 바랍니다.

regarding ~와 관련하여 ETD (Estimated Time of Departure) 출빌 예정 시간 ETA (Estimated Time of Arrival) 도착 예정 시간

운송회사 선정

At any rate, the goods have to be delivered as contracted. You may look for another shipping company who can meet the exact delivery date as soon as possible.

어떻게든 물품들은 계약서대로 납품이 이루어져야 합니다. 가능한 한 빨리 정확한 선적기일을 맞출 수 있는 다른 운송 회사를 찾아보시기 바랍니다.

goods 물건, 상품 **shipping company** 운송 회사

직항 노선

We will look for a direct vessel that does not call at any port so that you can receive the goods not too late with freight prepared by our side.

우리 측에서 운임을 선불로 지불하더라고 너무 늦지 않게 물품을 받아보실 수 있도록 어느 항구에도 기항하지 않는 직항 노선을 찾아보도록 하겠습니다.

direct 직행은, 경유하지 않는 **vessel** 배, 항공기 **freight** 화물

선적 지연

Your delay causes us considerable difficulties. We must ask you to do your utmost dispatch of the overdue products as soon as possible so that we may not take a claim matter

귀사의 납품지연으로 인해 우리는 상당한 어려움을 직면하게 되었습니다. 클레임 조치를 취하지 않도록 가급적 빠른 시일 내에 지연된 제품들을 선적하도록 최선의 노력을 해주시기 바랍니다.

cause 초래하다, 야기하다 utmost 최대의, 극단의 dispatch 급송하다, 신속히 처리하다 overdue 기한이 지난, 연착한 claim 요구, 청구, 손해배상

고객 클레임 - 1

On examination we found that 25 units out of 100 do not correspond with the original samples. The difference in the quality of color makes us impossible to exhibit the goods on display side by side. We are, therefore, returning the units to you with freight forward. We would appreciate your immediate attention to solve this matter.

검사 도중 100대의 제품 가운데 25대가 견본 샘플과 일치하지 않는 것을 발견했습니다. 색채의 품질상의 차이가 도저히 제품들을 나란히 전시해 놓을 수 없을 정도입니다. 불량 제품들을 착불 운임으로 반송하니 이 문제를 빨리 처리해주시기 바랍니다.

examination 검사, 시험 correspond 같다, 일치하다 side by side 나란히 freight forward 착불 화물 immediate 즉시의, 즉각적인 solve 해결하다, 풀다

고객 클레임 – 2

Unfortunately, this claim has put us in a difficult situation. For the first time, we received serious complaints from some of our old customers.

불행히도 이번 클레임은 우리 회사의 입장을 아주 난처하게 만들었습니다. 처음으로 우리의 오랜 고객 가운데 일부로부터 심한 불평을 들었습니다.

unfortunately 불행히도, 공교롭게도 situation 상황, 입장
serious 심각한 complaint 불평, 불만

클레임 해결 – 1

Now we don't want this claim problem to get any worse. All of these customers are very important in our future business. We kindly ask you to settle this issue as soon as possible.

우리는 이 문제가 더는 악화되지 않기를 바랍니다. 이들은 우리 회사의 장래 사업에 매우 중요한 고객들입니다. 이번 문제를 될 수 있으면 빨리 해결해주시기를 바랍니다.

worse 보다 나쁜, 악화된 settle 안정시키다, 해결하다 issue 문제, 사안

클레임 해결 -2

We fully understand your position as to this claim. We all do our best to settle this claim taking follow-up actions without delay. In addition, we will make a special discount of 5% off the total invoice amount. We bet this kind of matter will never happen again.

이번 클레임에 대한 귀사의 입장을 충분히 이해합니다. 우리는 이번 클레임 해결을 위해 즉시 필요한 추후 조치를 취하는데 최선을 다하겠습니다. 아울러 전체 송장 금액에서 5%의 특별 할인을 해드리도록 하겠습니다. 다시는 이러한 일이 없으리라 약속드립니다.

position 처지, 입장 follow-up 추후의, 뒤따르는 bet 장담하다, 보증하다.

Business @-

Section 13 성공적인 비즈니스 이메일 모범 샘플

Part 06

성공적인 비즈니스 이메일 모범 샘플

ail Expression

회사 소개 및 거래 요청 (주요 제품 소개)
회사 소개 및 거래 요청 (주요 거래국가 소개)
회사 소개 및 거래 요청 (사업 영역 확장)
회사 소개 및 거래 요청 (독점 대리점 권리)
회사 소개 및 거래 요청 (샘플 및 가격 제시)
회사 소개 및 거래 요청 (생산능력 및 매출)
카탈로그 및 견적 요청
샘플 및 견적 요청
가격 제시
가격 협상
타협안 제시 및 조건 수락
회사 신용 조회 (수출업체)
회사 신용조회 요청 (수입업체)
주문서 및 신용장 개설요청
확정 주문 및 선적 일정
선적 일정 및 추가 주문가
선적 일정 지연
선적 및 불량에 관한 클레임
클레임 해결 방법 제시 (재발 방지 약속)
클레임 해결 방법 제시 (특별 할인)

Section Thirteen
성공적인 비즈니스 이메일 모범 샘플

회사 소개 및 거래 요청

주요 제품 소개

Dear Sir,

On behalf of our company, I am sending this email hoping to open an account with you for mutual profits.

We are one of the largest manufacturers in Korea producing all kinds of peripherals including CRT and LCD monitors using our latest computerized manufacturing facilities.

We have been doing our business only with all kinds of peripheral devices for the last 10 years. And now, we are one of the best specialists in dealing with the products not only in Korea but also in Asia and the United States.

We are highly proud of our technology, especially the quality of our products shown in our homepage.

If you are interested in our new models, we could submit some of the samples with the reasonable prices to you.

Your kind and early reply will be highly appreciated.

Best regards,
Eureka Kim

해석

안녕하십니까,

우리 회사를 대표하여 상호간의 이익을 위해 귀사와의 거래를 시작하고자 본 이메일을 보냅니다.

우리 회사는 최신 컴퓨터 설비를 사용하여 CRT와 LCD 모니터를 포함한 모든 종류의 컴퓨터 주변기기를 생산하는 한국에서 가장 큰 제조업체 가운데 하나입니다.

우리 회사는 지난 10년 동안 오직 컴퓨터 주변기기만을 취급해왔습니다. 그래서 지금 우리는 컴퓨터 주변기기 제품에서는 한국에서 뿐만 아니라 아시아와 미국에서 최고의 전문기업으로 인정받고 있습니다.

우리 회사는 기술력, 특히 홈페이지에 나와 있는 제품들의 품질에 상당한 자부심을 가지고 있습니다.

우리의 신규 모델에 관심이 있으시다면, 합리적인 가격과 함께 샘플 몇 개를 보내드리도록 하겠습니다.

친절하고 빠른 답변을 주시면 감사하겠습니다.

안녕히 계십시오.

manufacturer 제조업자
peripheral 주변의, 주변장치
CRT(Cathode-Ray Tube) 음극선관
LCD(Liquid Crystal Display) 액정표시기
facility 시설, 설비
specialist 전문가
device 장치, 설비
be proud of 자랑스러운, 자부심을 갖는
technology 기술(력)
submit 제공하다
reasonable 합리적인, 이성적인
reply 답변, 회신
appreciate 감사하다

회사 소개 및 거래 요청

주요 거래국가 소개

Dear Sir,

It is our privilege to have a chance to contact your company. I hope we can start business with you to maximize mutual benefits.

Your company has been mentioned by New York Chamber of Commerce and Industry as one of the most reliable firms in the United States.

We produce a lot of peripheral units such as speakers and keyboards. These products have been exported mainly to Asian countries for 10 years. And we have gained a good credibility from our overseas agents in Europe for their fine quality and unbeatable prices compared with those of our competitors.

It would be thankful if you could advise us if you have a mind to deal with us.

We will be looking forward to hearing from you soon.

Sincerely yours,

Eureka Kim

해석

안녕하십니까,

귀사와 연락할 수 있는 기회를 가질 수 있게 된 것을 우리 회사의 특혜이라고 생각합니다.

우리는 귀사가 미국에서 가장 신용 있는 회사 가운데 하나라고 뉴욕 상공회의소로부터 들었습니다.

우리 회사는 스피커나 키보드 같은 여러 가지의 컴퓨터 주변기기들을 생산하고 있습니다. 이들 제품들은 지난 10년 동안 주로 아시아 국가들로 수출되었습니다. 그리고 경쟁사들에게 비길 수 없는 최고의 품질과 가격으로 유럽의 여러 대행업체들로부터도 좋은 신임을 얻고 있습니다.

귀사가 우리 회사와 거래하고 싶은 의향이 있는지 알려주시면 감사하겠습니다.

귀사의 빠른 답변을 기다리겠습니다.

안녕히 계십시오.

privilege 특권
maximize 극대화하다
Chamber of Commerce and Industry 상공회의소
reliable 신뢰성 있는, 믿을 수 있는
firm 회사, 기업
gain 얻다, 획득하다
credibility 신용, 신뢰성
overseas 해외의, 대외의
agent 대행인, 대리인설비
unbeatable 겨룰 수 없는, 탁월한
competitor 경쟁자, 경쟁상대
advise 조언하다, 알리다
whether ~인지 아닌지
look forward to 학수고대하다

회사 소개 및 거래 요청

사업 영역 확장

Dear Sir,

Please allow me to express our hope of opening an account with you to extend our business domains to China.

We are one of the leading exporters of digital devices and are enjoying an excellent reputation through 15 years business experience. We are convinced that our products would benefit your sales immensely if you purchase them regularly.

If you want to get detailed information about our up-to-date products, you can refer to our homepage. And please let us know if our proposal is acceptable to you so that we can take follow-up measures for the details.

Truly yours,

Eureka Kim

해석

안녕하십니까,

우리 회사의 사업 영역을 중국으로 확장하고자 귀사와의 신규 거래를 희망합니다.

우리 회사는 디지털 장비를 수출하는 선두 회사 가운데 하나이며 15년의 사업경험을 통하여 좋은 평판을 받아 왔습니다. 귀사가 우리의 제품들을 정기적으로 구매한다면 귀사의 판매 수익에 상당한 기여를 하리라 확신합니다.

만약 최신 제품에 대한 자세한 정보를 원하시면 우리 회사의 홈페이지를 참조하시기 바랍니다. 아울러, 우리 회사의 제안을 받아들이신다면 자세한 사항들을 위한 조치를 취할 수 있도록 연락주시기 바랍니다.

안녕히 계십시오.

allow 허락하다, 허가하다
express 표현하다, 나타내다
extend 확장하다, 넓히다.
domain 영역, 세력
excellent 우수한, 최고의
reputation 평판, 호평
benefit 이익, 혜택
immensely 무한히, 굉장히
regularly 정기적으로, 일정하게
up-to-date 최신의
refer 조회하다, 참조하다
acceptable 받아들일 수 있는
follow-up 추후의, 뒤따르는
measure 방법, 조치

회사 소개 및 거래 요청

독점 대리점 권리

Dear Sir,

We are the largest electronic appliances export trading company in Korea and have offices or representatives in all the major cities through the world. We have been exporting a number of electronic items to Europe and the United States.

In order to diversify our present market, we are interested in supplying our products to you on good terms and conditions. We can also offer you sole agency in your market if you place an order regularly.

We look forward to developing our relationship not only in your market but in the international market for the mutual benefit

Your early reply will be very thankful.

Best regards,

Eureka Kim

해석

안녕하십니까,

우리 회사는 한국에서 가장 큰 전자제품 수출 무역회사로서 세계의 모든 주요 도시에 사무실이나 대행 영업소를 가지고 있습니다. 우리는 이미 유럽과 미국에 많은 전자 제품을 수출하고 있습니다.

현재의 시장을 다변화하기 위해서 귀사에게 좋은 조건으로 우리 회사제품을 제공하고자 합니다. 정기적으로 주문을 하면 귀사에게 독점 대리점의 권한을 드릴 수도 있습니다.

상호간의 이익을 위하여 귀사의 시장에서 뿐만 아니라 세계 시장에서 우리의 관계를 발전시킬 수 있기를 고대합니다.

빠른 답변을 주시면 감사하겠습니다.

안녕히 계십시오.

export trading 수출 무역
electronic appliance 전자 제품
representative 대표자, 대리인
major 주요한, 중요한
diversify 다변화하다, 다양화하다
terms and conditions 조건
sole agency 독점 대리점
look forward to 학수고대하다, 갈망하다
mutual 상호의
benefit 이익, 혜택

회사 소개 및 거래 요청

샘플 및 가격 제시

Dear Sir,

First of all, we are so lucky to get to know you. We've been looking for a reliable partner in the United States for several months.

The Society of Trade Associations introduced your company to us as a possible importer of computer parts, and they said that your company is one of the best computer dealing companies in the Unites States.

We specialize in all kinds of display products including CRT and LCD monitors. Now we would like to extend our business territory to the United States through your company with our quality-verified products.

For the detail information on our company and products, you can refer to our homepage. And we will be happy to send you some samples, price lists and full sets of catalogues with promotional literature if you wish to start business with us.

Thank you for your kind reply in advance.

Sincerely yours,

Eureka Kim

해석

안녕하십니까,

우선, 귀사를 알게 된 것은 우리 회사의 행운이라고 생각합니다. 우리는 지난 몇 개월 동안 신뢰할 만한 미국 내 파트너를 찾고 있던 중이었습니다.

무역협회가 귀사를 컴퓨터 부품 수입업체로 우리 회사에 소개해주었으며, 그들은 당신 회사가 미국에서 컴퓨터를 취급하는 최고의 회사 가운데 하나라고 했습니다.

우리 회사는 CRT와 LCD 모니터를 포함한 모든 종류의 디스플레이 제품 전문업체로서 우리의 품질이 입증된 제품을 가지고 귀사를 통해 미국 시장으로 사업 영역을 넓히려고 합니다.

회사와 제품에 대한 자세한 정보는 홈페이지를 참조하시기 바라며, 우리 회사와의 거래를 원하시면 몇몇 샘플들과 가격 리스트, 그리고 전체 카탈로그와 홍보용 자료들을 기꺼이 보내드리도록 하겠습니다.

귀사의 친절한 답변에 감사드립니다.

안녕히 계십시오.

look for 찾다
reliable 신뢰성 있는, 믿을 수 있는
society 협회, 단체
importer 수입업자
deal 다루다, 거래하다
specialize 전공하다, 전문으로 다루다
territory 영역, 세력권
quality 품질
verify 입증하다, 증빙하다
refer 참조하다, 조회하다
promotional 선전용의, 장려용의
literature 인쇄물, 광고 안내

회사 소개 및 거래 요청

생산능력 및 매출

Dear Sir,

I'd like to make a short introduction of our company mainly on the production capacity and total sales.

Established in 1985, we continue to export many kinds of electronic parts and we also build a full line of products as well. The monthly production capacity of electronic parts is about 100,000 sets.

Currently, we are exporting to China and the Middle East as well. Last year we brought a turnover of about 50 million dollars including 30 million dollars in export performance.

We are all anxious to do business with you at this juncture of extending our current business activities into European markets including your country.

If you are interested in our offer, we will be able to discuss detailed terms and conditions.

Looking forward to receiving your kind reply.

Yours sincerely,

Eureka Kim

해석

안녕하십니까,

귀하에게 저희 회사의 생산 능력과 매출을 위주로 하여 간략한 회사 소개를 드리고자 합니다.

1985년에 설립된 우리 회사는 많은 종류의 전자부품을 수출하고 완제품들을 조립하기도 합니다. 월간 전자부품 생산량은 약 10만 세트 정도입니다.

최근 우리 회사는 중국과 중동에 수출을 시작했습니다. 작년에는 3천만 달러의 수출을 포함하여 5천만 달러의 매출을 올렸습니다.

현재 당신 나라를 포함한 유럽 시장에서의 사업을 확장하고자 하는 것을 계기로 귀사와의 거래를 희망하고 있습니다.

우리의 제안에 관심이 있으시면 자세한 조건에 대해서 논의할 수 있을 것입니다.

친절한 답변을 기다리겠습니다.

안녕히 계십시오.

capacity 수용량, 능력
establish 설립하다, 세우다
capacity 최대 용량, 능력
currently 현재, 최근에
Middle East 중동
turnover 매출, 거래총액
performance 실행, 실적
anxious 열망하는, 희망하는
juncture 중요한 때, 정세
extend 확장하다, 넓히다
detailed 자세한
terms and conditions 조건

카탈로그 및 견적 요청

Dear Sir,

We have heard from the Chamber of Commerce and Industry that you are exporting automatic assembly machinery and equipments. We are specially interested in the automatic industrial robots.

Please inform us of your products range and detailed catalogue also with price lists.

If your prices are reasonable and competitive, we will place sufficient orders to introduce your products into our market.

We look forward to hearing from you soon.

Best regards,

Eureka Kim

해석

안녕하십니까,

우리는 상공회의소로부터 귀사가 자동화 조립 기계와 장비들을 수출한다고 들었습니다. 우리는 특별히 자동화 산업용 로봇에 관심을 가지고 있습니다.

귀사 제품의 범위와 자세한 카탈로그를 가격 리스트와 함께 알려주시기 바랍니다.

귀사의 가격이 적절하고 경쟁력이 있다면 귀사 제품을 다량으로 주문하여 우리 시장에 소개하고자 합니다.

귀사의 조속한 회답을 기다리겠습니다.

안녕히 계십시오.

chamber 회관, 회의소
commerce 상업, 통상, 무역
industry 산업
automatic 자동의
assembly 조립, 집합
machinery 기계류
equipment 장비, 장치
range 범위, 한계
sufficient 충분한, 족한

샘플 및 견적 요청

Dear Sir,

We became to know your company and had a change to see your products at the CeBIT in Hannover, Germany. They seemed to be good in designs and shapes.

Looking into your catalogue, we became to be interested in your new models and want to have some samples with detailed price lists.

All your quotations should be as completely detailed as possible in order to avoid unnecessary further inquiries. If your prices are reasonable and the products are competitive enough, we will be able to place large orders.

We wish to have a good business relationship with you.

Sincerely yours,

Eureka Kim

해석

안녕하십니까,

우리 회사는 독일 하노버에서 열린 세빗 전시회에서 귀사를 알게 되었으며 귀사의 제품들을 볼 수 있었습니다. 디자인과 모양이 매우 좋아보였습니다.

귀사의 카탈로그를 자세히 본 후에 귀사의 신규 모델에 관심을 가지게 되었으며 몇 가지 샘플들을 자세한 가격 리스트와 함께 받아보고자 합니다.

귀사의 모든 견적은 향후 불필요한 문의들을 피하기 위하여 가급적 상세히 작성되어야 합니다. 가격이 합리적이고 제품들이 충분한 경쟁력이 있으면 우리 회사는 많은 주문을 할 수 있을 겁니다.

귀사와 좋은 사업 관계를 맺을 수 있기를 기대합니다.

안녕히 계십시오.

CeBit (독일)하노버 전자제품 전시회
shape 외형, 모양
look into 자세히 들여다 보다
quotation 견적, 시세
avoid 피하다, 회피하다
unnecessary 불필요한
inquiry 문의, 조회
reasonable 합리적인, 적당한
competitive 경쟁력 있는
be able to ~할 수 있는

가격 제시

Dear Sir,

In reply to your inquiry, we are pleased to offer the best terms and conditions possible for the early shipment.

It comes to about 35 dollars per unit. In this case, we will give you a special discount since this is our first transaction with you. We hope you would accept it.

We are also sure that our products will be just what you were looking for. They are outstanding compared with the competitors in quality and design as well.

If there is anything further we can assist for you, please do not hesitate to let us know.

Best regards,

Eureka Kim

해석

안녕하십니까,

귀사의 문의에 대한 회신으로 빠른 선적을 위한 가능한 최고의 조건을 제시하고자 합니다.

가격은 대당 35달러 정도입니다. 이번이 귀사와의 첫 거래이므로 특별히 할인된 가격으로 드리겠습니다. 이 제안을 받아들이시기를 바랍니다.

아울러 우리 회사 제품은 바로 귀사가 찾던 그러한 제품이라고 확신합니다. 우리 제품들은 경쟁사들과 비교해서 품질과 디자인 모두에서 월등합니다.

우리 회사가 도와드릴 일이 있다면 언제든지 망설이지 말고 연락 주시기 바랍니다.

안녕히 계십시오.

reply 답변, 응답
possible 가능한
discount 할인, 가격 인하
accept 받아들이다
look for 찾다
outstanding 월등한, 현저한
compare 비교하다
further 더욱이, 게다가
assist 돕다, 조력하다
hesitate 망설이다, 주저하다

가격 협상

Dear Sir,

I am writing in response to your quotation sent by your previous email.

Comparing price lists, we found your prices are much higher than those of other competitors. Consequently, it depends on your discount rate whether we make a final order to you or to other manufacturers.

To get a successful result, I think we could agree to a 10% discount off the total amount in order to meet you halfway on this deal. Then we will guarantee our repeat orders. We can also leave a room to negotiate the price once again next year.

We hope that you would you accept our special offer.

With thanks,

Eureka Kim

해석

안녕하십니까,

귀하께서 지난번에 이메일로 보내신 견적에 대한 답을 드립니다.

가격을 비교해보니 귀사의 가격이 다른 경쟁사들의 가격보다 훨씬 비싸다는 것을 발견했습니다. 결론적으로 귀사에 최종 주문을 할지 아니면 다른 회사에 할지는 귀사의 가격 인하율에 달려 있습니다.

성공적인 결과를 위한 제 생각은 이 거래에서 서로 조금씩 양보하여 전체 금액에서 10%를 인하하는 것입니다. 그러면 우리는 지속적인 주문을 보장할 수 있을 것입니다. 아울러 내년에 다시 가격을 협상할 수도 있습니다.

우리의 특별 제안을 받아주시기를 바랍니다.

안녕히 계십시오.

response 회신, 반응
quotation 견적, 시세
previous 이전의, 앞선
compare 비교하다
competitor 경쟁자
consequently 결론적으로
depend on ~에 달려 있다, 의존하다
discount rate 할인율
successful 성공적인
halfway 도중에, 타협하여
offer 제안, 매매 제의
guarantee 보증하다, 보장하다
repeat 반복적인
room 여지, 공간
negotiate 협상하다, 교섭하다

타협안 제시 및 조건 수락

Dear Sir,

Well received your email asking for the 10% discount from our quotation.

Most of all, we must point out that our price lists have already been cut to the minimum possible, and that our products are unobtainable elsewhere at our rates. We would, however, be pleased to allow you the requested 10% discount if you care to raise your first order to 5,000 pieces.

According to our price negotiation, one unit will come to 250 dollars FOB Pusan, and we think that we have reduced our prices to the lowest point possible.

Our quotation is so attractive and our profit margin is so small that it is impossible for us to make any further discount.

We will be waiting for your firm order in accordance with our final offer.

Sincerely yours,

Eureka Kim

해석

안녕하십니까,

우리의 견적에서 10% 가격 인하를 요구하는 이메일은 잘 받았습니다.

우선, 현재의 가격은 이미 가능한 최저 수준으로 인하한 것임을 밝히며, 우리의 제품들은 이 가격으로는 어디에서도 구입할 수 없음을 말씀드립니다. 그러나 만약 귀사가 첫 주문을 5,000개로 늘린다면 귀하가 요구한 10% 인하를 기꺼이 수용할 것입니다.

가격 협상에 따라 대당 FOB 부산항 가격은 250 달러이며, 이 가격은 우리가 제공할 수 있는 최저로 낮춘 가격입니다.

우리 회사가 제시한 가격이 충분히 매력적이고 우리의 이윤도 매우 적기 때문에 더 이상 가격 인하는 불가능합니다.

저희가 드리는 마지막 제안과 일치하는 확정 주문을 기다리고 있겠습니다.

안녕히 계십시오.

quotation 견적, 시세
minimum 최소의, 극소의
unobtainable 얻기 어려운
rate 비율, 가격, 요건
allow 허용하다, 허락하다
request 요청하다
discount 가격인하, 할인
raise 올리다
negotiation 협상, 절충
attractive 매력적인
profit 이익
margin 판매 수익
impossible 불가능한

회사 신용 조회

수출업체

Dear Sir,

We are so pleased to come to an agreement in all the terms and conditions for the first order.

We believe your credibility and reputation, but this is the first transaction with you, and doing business only by confirmed letter of credit base is our company's regulation. So, we'd like to ask you to send us the names of companies or a bank which reference can be made.

While we are waiting for the credit reference and the letter of credit, we will send you full selection of our latest best selling goods by airfreight.

If you have any request, please feel free to contact us anytime.

Best regards,

Eureka Kim

해석

안녕하십니까,

귀사와 첫 번째 주문을 위한 모든 조건들에 합의를 이루게 되어 매우 기쁘게 생각합니다.

귀사의 신뢰도와 평판을 믿습니다만, 이번이 귀사와의 첫 번째 거래이며 확인 신용장을 근거로 거래를 하는 것이 우리 회사의 규정이므로 귀사의 신용을 조회할 수 있는 회사들이나 은행을 알려주시기를 요청드립니다.

신용 조회와 신용장이 도착하기를 기다리면서 첫 번째 선적을 준비하면서 우리 회사의 가장 잘 팔리는 상품 전체 샘플을 항공 화물로 보내드리도록 하겠습니다.

추가적인 요청사항이 있으시면 언제든지 연락주시기 바랍니다.

안녕히 계십시오.

terms and conditions 조건
transaction 거래, 처리
credibility 신용, 신뢰성
reputation 평판, 신망
regulation 규율, 규정
credit 신용
reference 조회
latest 최근의
selection 선발, 선택
airfreight 항공 화물

회사 신용조회 요청

수입업체

Dear Sir,

Our financial status is very sound. We have met our obligations promptly and punctually. We can say that you do not have to worry about our business ability actually.

W agree that the credit reference is very important to do some kinds of actual deals, specially for the first transaction. Therefore, we would suggest you to contact HSBC Bank that will provide you with our bank reference.

We will also open a letter of credit through the Bank of America in Hong Kong and the advising bank, the Bank of Korea will have a right to honor the draft drawn by you.

As soon as you receive the letter of credit, please do not hesitate to inform us of the shipping schedule.

Best regards,

Eureka Kim

해석

안녕하십니까,

우리 회사의 재정 상태는 매우 건전합니다. 우리는 지금껏 대금 지급 의무를 신속하고 정확하게 이행해왔습니다. 우리 회사의 사업 능력에 대해서는 걱정하실 필요가 전혀 없습니다.

우리도 거래에 있어, 특히 첫 거래에는 신용조회가 매우 중요하다는 것에 동의합니다. 그래서 우리 회사의 신용정보를 제공할 은행으로 HSBC 은행을 제안합니다.

아울러, 홍콩에 있는 BOA 은행을 통해 신용장을 개설할 예정이며 통지은행인 한국은행이 귀사가 발행한 환어음에 대해 지급을 할 것입니다.

신용장을 수령하면 곧바로 선적일정을 알려주시기 바랍니다.

안녕히 계십시오.

financial status 재정 상태
obligation 의무, 책임
promptly 신속하게, 재빠르게
punctually 시간을 엄수하는, 정확한
ability 능력
credit reference 신용 조회

agree 동의하다
contact 접촉하다, 연락하다
provide 제공하다, 공급하다
right 권리
honor 지급하다, 어음을 인수하다
draft 환어음, 지급 명령서

주문서 및 신용장 개설요청

Dear Sir,

We are very pleased to receive your first order and to inform that all the items required are in stock.

The Bank of America will instruct us to get the letter of credit upon arrival. We will do our best to arrange the early shipment of products as soon as we get it.

At any rate, the goods shall be delivered as contracted. We will look for a direct vessel that does not call at any port so that you can receive the goods not too late even with freight prepared by our side.

We will keep you informed the delivery schedule.

Yours sincerely,

Eureka Kim

해석

안녕하십니까,

귀사의 정기적인 주문을 받게 되어 매우 기쁘며 요청한 모든 제품들의 재고가 확보되어 있음을 알려드립니다.

BOA 은행은 신용장이 도착하는 즉시 우리에게 수령하도록 알려줄 것입니다. 신용장을 수령하게 되면 제품의 빠른 선적을 위해 우리는 최선을 다할 것입니다.

어떻게든 물품들은 계약서대로 납품이 이루어질 것입니다. 우리 측에서 운임을 선불로 지불하더라도 너무 늦지 않게 물품을 받아보실 수 있도록 어느 항구에도 기항하지 않는 직항 노선을 찾아보도록 하겠습니다.

계속해서 납품 일정을 알려드리도록 하겠습니다.

안녕히 계십시오.

regular 정기적인
require 요청하다, 요구하다
stock 재고, 창고
instruct 알리다, 통지하다
arrange 정리하다, 조정하다

goods 물건, 상품
shipping company 운송 회사
direct 직행은, 경유하지 않는
vessel 배, 항공기
freight 화물

확정 주문 및 선적 일정

Dear Sir,

We are very pleased to receive your firm order and promise that we will give your order with our best attention.

As you requested, we will be preparing for shipment of the goods on CKD base. And we would like to ask you to establish an irrevocable letter of credit in our favor valid by the end of July.

If the delivery schedule is fixed, we will let you know the shipping schedule including ETD and ETA at once.

Once again, we would like to say that it is our pleasure to have an opportunity of supplying our products to you, and we are sure that you will be satisfied with our high quality and early delivery.

With great thanks,

Eureka Kim

해석

안녕하십니까,

귀사의 확정 주문을 받게 되어 매우 기쁘게 생각하며 귀사의 주문을 최선을 다해 처리할 것을 약속드립니다.

귀사가 요구한 바와 같이 제품들은 CKD 방식으로 선적하도록 준비하겠습니다. 아울러, 7월말까지 유효한 취소불능 신용장을 우리 회사를 수익자로 하여 개설해 주시기를 요청드립니다.

납품 일정이 정해지면 예상 출발일과 도착일을 포함한 선적 스케줄을 바로 알려드리도록 하겠습니다.

또 다시 귀사에 저희 제품을 공급할 수 있는 기회를 가지게 되어 매우 기쁘다는 말씀을 드리며, 우리 회사의 좋은 품질과 신속한 납품에 만족하시리라 확신합니다.

감사합니다

receive 받다
promise 약속하다
attention 주의, 유의
CKD (Completely Knock Down) 완전 부품으로 제공
irrevocable 취소 불가능한
letter of credit 신용장
valid 유효한, 타당한
regarding ~와 관련하여
ETD (Estimated Time of Departure) 출발 예정 시간
ETA (Estimated Time of Arrival) 도착 예정 시간
at once 즉시로
opportunity 기회
be satisfied with ~에 만족한
in accordance with ~와 일치하는

선적 일정 및 추가 주문

Dear Sir,

We requested you to inform us when the products ordered last month would be ready for shipment. We are in a hurry now.

Please make sure that you have to keep your delivery schedule in order to meet the high-demand season in the market. We sometimes had problems owing to the delay of shipment.

Once again, please remember that on-time delivery is definitely important in this business. There have occasionally been cancellations simply because of delays in shipment, even after a contract was made.

Anyhow, we are going place an additional order this month for SP320 PCB products and will make regular orders on a quarter base only if you guarantee the quality up to the former shipment.

We will be looking forward to getting the shipping information.

Best regards,

Eureka Kim

해석

안녕하십니까,

지난 달에 주문한 제품들이 언제 선적되는지를 알려달라고 요청을 드렸습니다. 우리는 지금 급합니다.

시장 성수기에 맞추어야 하므로 납품일은 반드시 지켜주시기 바랍니다. 가끔 선적지연 때문에 문제를 겪은 적이 있었습니다.

일정에 맞추어 납품하는 것이 이번 거래에서 무척이나 중요하다는 것을 다시금 명심하시기 바랍니다. 계약이 잘 이루어진 후에도 단순히 선적지연으로 인해 계약이 취소된 경우가 가끔 있었습니다.

어쨌든, 우리 회사는 이번 달에 SP320 PCB 제품에 대한 추가 주문을 할 예정이며 지난 번에 선적된 물품과 동일한 품질만 보증한다면 빠른 시일 내에 매 분기별로 정규주문을 하도록 하겠습니다.

선적과 관련한 연락을 기다리겠습니다.

안녕히 계십시오.

inform 알리다, 통보하다
in a hurry 바쁜, 위급한
high-demand season 성수기
owing to ~ 때문에
definitely 명확히, 틀림없이
occasionally 때때로의, 이따금씩의
cancellation 취소
delay 지연, 연기
additional 추가적인
regular 정기적인
quarter 분기
place an order 주문하다

선적 일정 지연

Dear Sir,

Most of all, the goods for your last order will be shipped no later than this weekend.

However, we deeply regret that we can not execute your new order right away because we are out of stock now, and we are afraid that we can not guarantee the delivery within the date stipulated due to the rush at the factory.

In addition, we have to send them by air to meet your delivery time because they are not FCL base. You should pay airfreight charge in this case.

Besides, when you open the letter of credit next time, please give us 45 days from the opening date to have sufficient time to arrange shipping date before the expiry date.

If you have any questions, please do not hesitate to contact me.

Truly yours,

Eureka Kim

해석

안녕하십니까,

우선, 지난 번 주문에 따른 제품들은 이번 주말 이전에 선적될 예정입니다.

하지만, 우리 회사는 현재 재고가 없기 때문에 귀사의 신규 주문을 당장 이행할 수가 없으며 공장도 매우 바쁘기 때문에 지정한 날짜 안에 선적을 보장할 수도 없을 것 같아 정말 유감입니다.

아울러 풀 컨테이너 방식이 아니므로 인도일을 맞추기 위해서는 항공 화물로 보내야 합니다. 이 경우 항공 운임은 귀사가 지불해야 합니다.

또한 이후에 신용장을 개설할 때에는 신용장 만료일 이전에 선적 일자를 조절하기 위한 충분한 시간을 가질 수 있도록 신용장 개설일로부터 45일을 허용해주시기 바랍니다.

궁금한 점이 있으실 경우 언제든 연락주시기 바랍니다.

안녕히 계십시오.

no later than ~이전에
execute 실행하다, 실시하다
out of stock 재고가 없는
afraid 염려스러운, 유감인
stipulate 약정하다, 요구하다
FCL(Full Container Load) 한 개의 컨테이너를 다 사용하여 선적
airfreight 항공 화물
charge 비용
sufficient 충분한, 넉넉한
expiry 종료, 만기

선적 및 불량에 관한 클레임

Dear Sir,

We would like to tell you that we have been through a lot of hardships in our business.

Firstly, your delay causes us considerable difficulties at the moment. We must ask you to do your utmost dispatch of the overdue products as soon as possible so that we may not take a claim matter.

Secondly, on examination we found that 25 units out of 100 do not correspond with the original samples. The difference in the quality of color makes us impossible to exhibit the goods on display side by side. We are, therefore, returning the units to you with freight forward. We would appreciate your immediate attention to solve this matter.

Now we don't want this claim problem to get any worse. We kindly ask you to settle this issue as soon as possible.

Your prompt reply will be appreciated.

Sincerely yours,

Eureka Kim

해석

안녕하십니까,

우리 회사가 현재 사업에 있어 심각한 곤란에 처해 있다는 것을 말씀드리고자 합니다.

우선, 금번 귀사의 납품 지연으로 인해 우리는 상당한 어려움을 직면하게 되었습니다. 클레임 조취를 취하지 않도록 가급적 빠른 시일 내에 지연된 제품들을 선적하도록 최선의 노력을 해주시기 바랍니다.

둘째로, 검사 도중 100대의 제품 가운데 25대가 견본 샘플과 일치하지 않는다는 것을 발견했습니다. 컬러의 품질상의 차이가 도저히 제품들을 나란히 전시해 놓을 수 없을 정도입니다. 불량 제품들을 착불 운임으로 반송하니 이 문제를 빨리 처리해주시기 바랍니다.

우리는 이 문제가 더 이상 악화되지 않기를 바랍니다. 이번 문제를 가급적 빨리 해결해주시기를 바랍니다.

귀사의 즉각적인 답변을 바랍니다.

안녕히 계십시오.

cause 초래하다, 야기하다
utmost 최대의, 극단의
dispatch 급송하다, 신속히 처리하다
overdue 기한이 지난, 연착한
claim 요구, 청구, 손해배상
examination 검사, 시험
correspond 같다, 일치하다
side by side 나란히
freight forward 착불 화물
immediate 즉시의, 즉각적인
solve 해결하다, 풀다
worse 보다 나쁜, 악화된
settle 안정시키다, 해결하다
issue 문제, 사안
hardships 곤란, 곤경

클레임 해결 방법 제시

재발 방지 약속

Dear Sir,

We are really sorry that you have been put to a great deal of inconvenience by the delay of delivery, but it was beyond our control as you may know.

The delay of shipment was mainly caused by the belated arrival of some of the raw materials.

Anyhow, please accept our formal apology for the inconvenience we have caused you, and let us know how we can make up for your loss.

If you give us one more chance to recover our reputation, we promise that we will do more than our best giving your order with our best attention.

Best regards,

Eureka Kim

해석

안녕하십니까,

금번 납품 지연으로 인해 귀사에게 큰 불편을 끼쳐드려 대단히 죄송합니다. 그러나 아시다시피 이번 일은 저희 회사로서도 불가항력이었습니다.

선적의 지연은 일부 원자재가 늦게 도착한 것이 주요 원인입니다.

어찌 되었든, 우리 회사가 귀사에 끼친 불편에 대한 공식적인 사과를 받아주시기 바라며 귀사의 손실을 어떻게 보전할 수 있을지를 알려주시기 바랍니다.

우리 회사의 명예를 회복할 기회를 한 번 더 주신다면 최선의 노력으로 귀사의 주문을 맞추도록 하겠습니다.

감사합니다.

inconvenience 불편, 성가심
beyond one's control 불가항력의
cause 야기하다, 원인이 되다
belated 늦은
raw 가공되지 않은, 원료 그대로의
apology 사과
make up 보충하다, 보전하다
loss 손실, 잃어버림

클레임 해결 방법 제시

특별 할인

Dear Sir,

We fully understand your position as to this claim and admit that some of the inferior goods were shipped owing to the mistake of our inspector. He must have missed some tests while pretesting the goods.

We are very sorry for all the inconvenience you may have suffered as a result of our mistakes. We would like to inform you that all kinds of necessary measures have been taken to prevent a recurrence of such mistakes.

To put your claim right, we have just shipped replacements for all the items you found unsatisfactory.

In addition, we decided to make a special discount of 5% off the total invoice amount. We propose that you approve this reasonable settlement right away for our mutual benefit s in the future business, and we bet this kind of matter will never happen again.

Your deep understanding and generosity will be highly appreciated.

With great thanks in advance.

Eureka Kim

해석

안녕하십니까,

금번 클레임에 대한 귀사의 입장을 충분히 이해하며, 일부 불량제품이 우리 검사관의 실수로 인해 선적되었음을 인정합니다. 예비 검사를 하면서 몇몇 테스트를 빠뜨린 것 같습니다.

우리의 실수로 인해 귀사가 겪었을 불편에 대해 진심으로 죄송스럽게 생각합니다. 이러한 실수의 재발을 막기 위해 모든 필요한 조치를 취했음도 아울러 알려드립니다.

귀사의 클레임을 해결하기 위해 귀사가 만족하지 못한 모든 제품의 대체품을 바로 직전에 선적 완료하였습니다.

아울러 전체 송장 금액에서 5%의 특별 할인을 해드리도록 결정하였습니다. 향후 거래에서의 상호 이익을 위하여 이와 같은 합리적인 해결책을 즉시로 승인해주시기를 제안드리며, 다시는 이러한 문제가 없으리라 약속합니다.

귀사의 깊은 이해와 관대를 바랍니다.

감사합니다.

position 처지, 입장
admit 인정하다, 받아들이다
owing to ~때문에
mistake 실수
pretest 예비 검사하다
suffer 고생하다, 고통을 감내하다
measures 조치, 방책
prevent 막다, 방해하다
recurrence 재발, 재현
claim 배상 요구, 청구
replacement 교체, 대체
unsatisfactory 불만족스러운
approve 승인하다, 찬성하다
settlement 해결, 화해
mutual benefit 상호 이익, 수익
bet 장담하다, 보증하다
generosity 관대, 아량

유레카 골든잉글리쉬 **비즈니스영어 표현사전**

1판 1쇄 인쇄_2006년 11월 25일 1판 1쇄 발행_2006년 11월 30일
저 자_유레카 교재연구팀 발 행 인_이 미 옥
정 가_13,000원 발 행 처_디지털북스
우편번호_143-849 주 소_서울 광진구 능동 253-21
전화번호_(02)447-3157~8 팩스번호_(02)447-3159
등록번호_220-90-18139 등 록 일_1999년 9월 3일

유레카 골든잉글리쉬 **비즈니스영어 표현사전**

www.digitalbooks.co.kr

ISBN/89-89109-98-1

D-06-19